頭がよくなる!

寝るまえ1分おんどく366日

脳科学者 加藤俊徳 監修

西東社

はじめに

脳科学音読メソッドで子どもの未来が大きく広がる

この本は、脳科学の視点から音読習得をサポートする、読めば読むほどぐんぐん頭がよくなる本です。

私は、小学二年生の国語の成績は5段階評価の2でした。理由は、ひらがなの文章が読めなかったからです。教科書を開いてじっと文に目をやり、一生懸命に音読するのですが、読んだ文章の意味がまるで分からないのです。

「読む」ということに苦労しながらも、頭の中で言葉とイメージを結びつける訓練をしたり、漢字が増えて言葉のまとまりが見えてくると理解しやすいなどの特性に気づいて、なんとか学生時代を過ごしました。

「この違いは、脳のどこから来るのだろう？」　自分の音読障害を克服するために、脳研究を積み重ねてきたといっても過言ではありません。

「読む」ということは、一見、非常に単純に思えます。しかし、音読がスラスラできるためには、脳の中の8つの脳番地（P5）をそれぞれ順番に使いこなさなければなりません。

まず、目で見て、口を動かして、耳で聴き、視覚系、運動系、聴覚系の3つの脳番地を同時に使える必要があります。これは文字と仲良くなる「感覚音読」の段階です。

次に、脳は第1段階で受けた刺激を記憶系でインプットし、インプットできると伝達系でアウトプットが可能となります。これが第2段階で、刺激が情報となって、スムーズに読めるようになる「認知音読」の段階です。

第3段階でようやく、理解系、思考系、感情系の脳番地がつながります。脳が

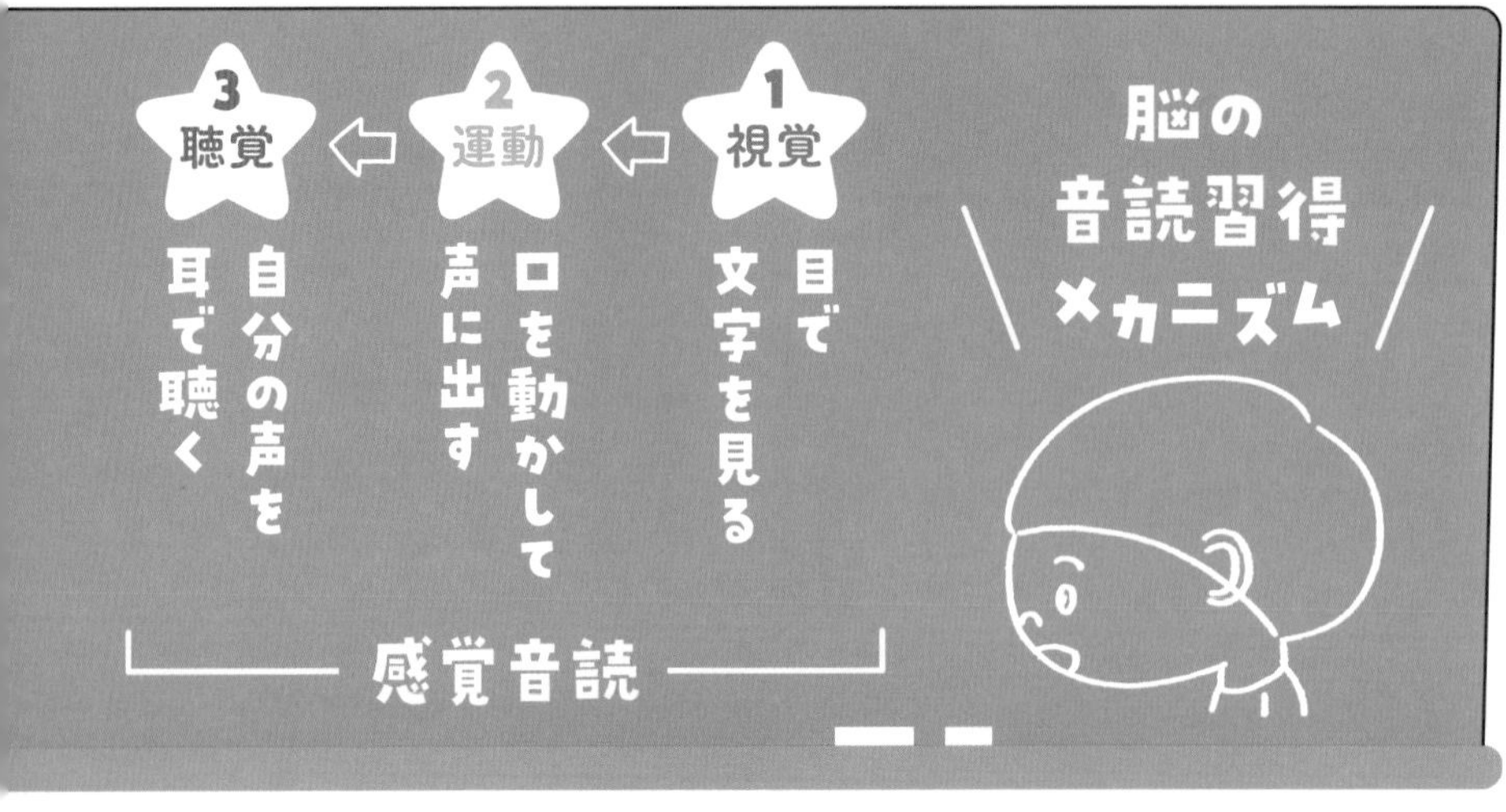

受け取った情報を処理する段階、つまり、書き手の意図がわかり、自身の考えへとつながっていく「発展音読」の段階です。

本書は、私の経験と研究から、この脳の3つの段階がスムーズに発達していけるよう工夫しています。

「読む力」はすべての学習の基盤です。「読む力」不足で、本来の脳力を発揮する以前につまずいてしまう子どもが多くいます。言い換えれば、「読む力」があれば、本来の脳力を存分に発揮でき、子どもの未来は大きく広がっていくでしょう。

さらに、寝ている間に記憶が定着することが脳科学的に明らかになっています。また、夜寝るまえ1分の音読は頭がよくなるだけでなく、良質な睡眠をもたらします。気持ちのいい朝を迎えられると、楽しい一日を過ごせるようになりますね。そして、音読の自信が学習の意欲となっていく、この好循環が多くの子どもたちにもたらされることを願っています。

脳科学者 **加藤俊徳**

大人のかかわり方のポイント

1 最初はながめ読みだけで十分です

ひらがな練習中の段階では、大人が読んで聞かせてあげ、子どもは絵をながめるだけでも十分です。

2 ダメ出しは厳禁です

うまく読めないと、つい「違う!」など否定的な言葉が出てきてしまいます。練習ですからうまく読めなくてあたりまえ。「こう読むよ」と大人が見本を示してあげましょう。

3 楽しい演出をしましょう

寝るまえ音読は早く読むことが目的ではありません。声色を変えて音読してみたり、文章の続きを考えてみるなど、子どもが楽しめる演出を工夫しましょう。

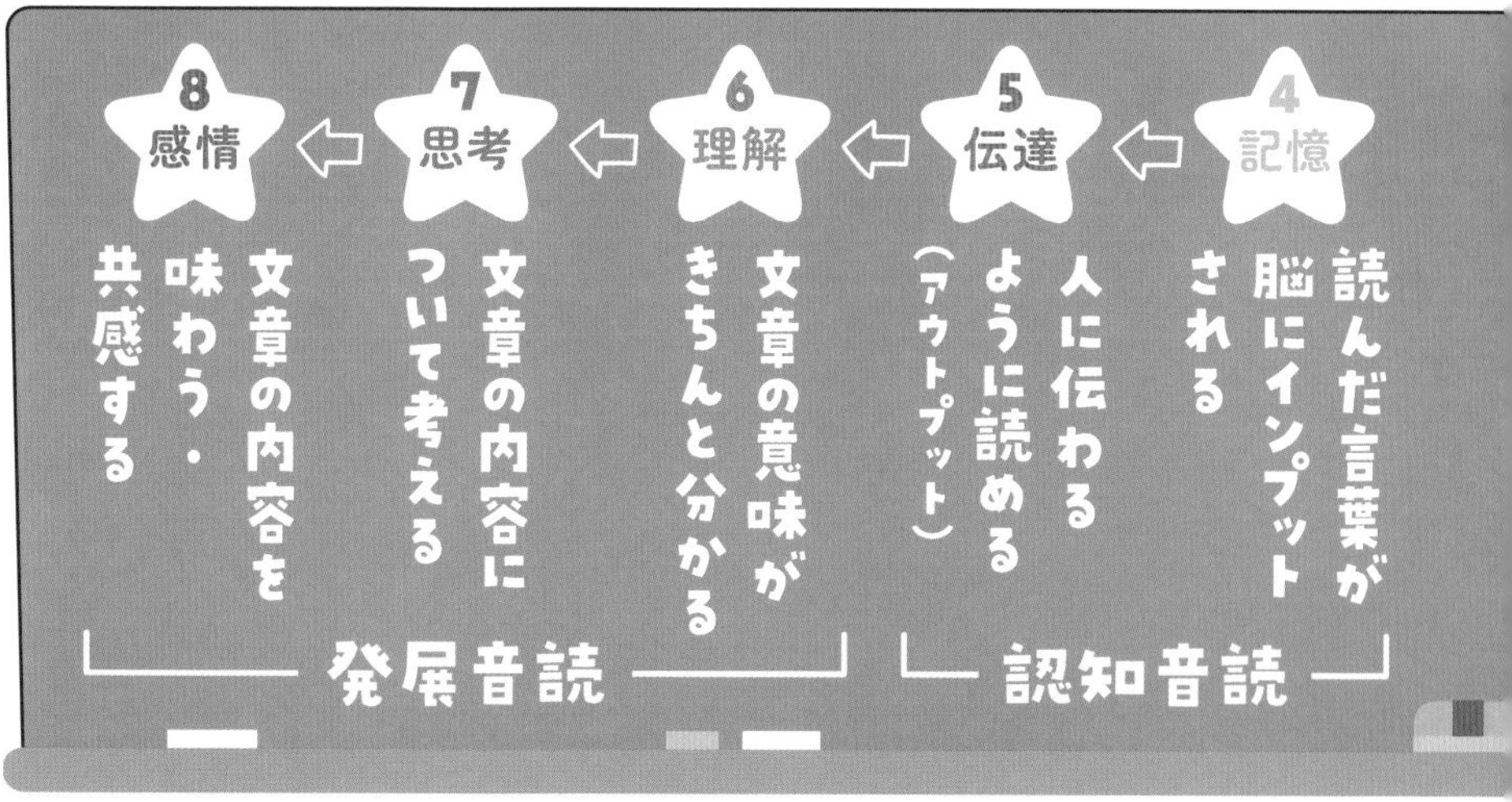

おやすみまえの新習慣！

1分おんどくの効果

毎日寝る前の１分間、音読の習慣を身につけることで、
脳の発達が促され、読解力・理解力がぐんぐん上がります。

“寝る前の習慣が子どもの脳の成長に大きく影響します”

就寝中にも脳は働いています。主な働きのひとつが、一日の記憶を整理し、定着させること。特に寝る前に読んだ内容は、頭の中で反すうされ、記憶に残りやすくなります。また、著しく脳が成長する幼少期には、夜は脳をしっかり休めることで、その発達が促されます。「眠りのスイッチ」として音読を習慣化することで、スムーズな入眠が促され、頭のいい子が育つのです。

脳発達に合わせた音読ステップ

★1st ステップ★

4才ごろまで

まずは大人が読んであげましょう。毎日聴くうちに文字と音が結びつき、少しずつ自分でも読めるようになっていきます。

★2nd ステップ★

5～6才ごろ

自分で音読してみましょう。5才前後で、言葉を理解して読む、という脳の仕組みが整い、読めることが楽しくなります。

★3rd ステップ★

7才ごろから

睡眠には記憶を定着させる効果があるので、効率的に知識の幅が広がります。慣れてきたら暗唱してみましょう。

“目で見て、声に出し、耳で聴き、理解する——音読で、ぐんぐん脳が育ちます”

脳の中を働きごとに分類すると、８つのエリアに分けられます。この本では、それを「脳番地」と呼んでいます。子どもの脳は、脳番地同士のネットワークが、まだまだ弱い状態。特に「視覚系」と「聴覚系」は離れているため、子どもたちは、「見たもの」と「聴いたもの」を同時に理解することが苦手です。音読で、まずは目で見て声に出し、それを耳で聴く、という作業をくり返すことで、脳番地同士がつながっていき、「読む」ための脳の仕組みがつくられていくのです。

音読で育つ、つながる8つの「脳番地」

脳は成長に合わせて、最初は視覚、次に運動、そして聴覚…というように、脳番地ごとに段階的に発達します。音読は、さまざまなアプローチで子どもの脳に働きかけ、その発達を促します。

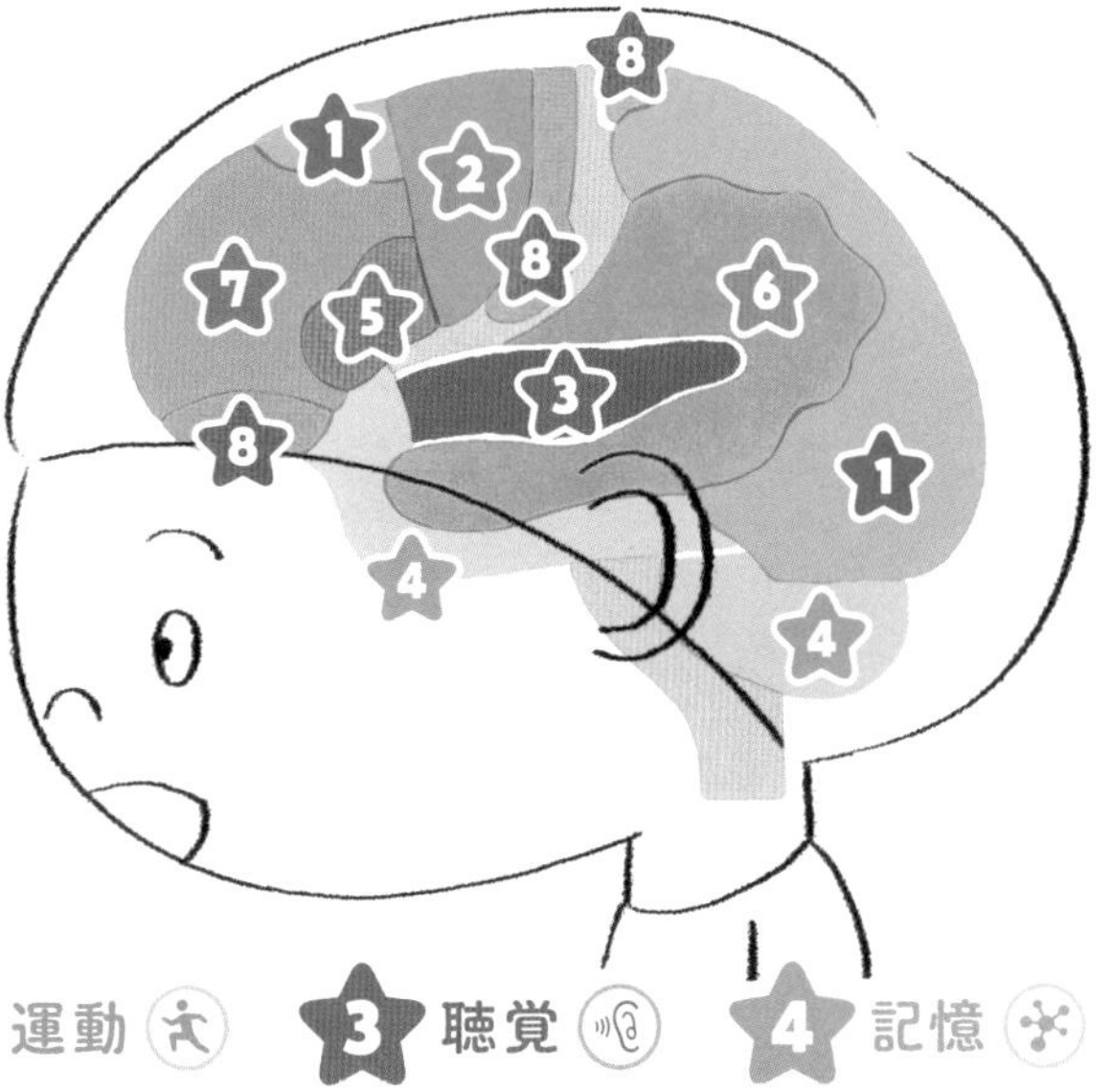

1 視覚
目で見たことを脳に伝える。「字を見る」ことで刺激される

2 運動
体を動かすことに関係する。「口を動かす」ことで刺激される

3 聴覚
耳で聴いたことを脳に集める。「言葉を聴く」ことで刺激される

4 記憶
得た情報を蓄積する。「言葉を脳にインプットする」ことで刺激

5 伝達
コミュニケーションに関係する脳番地。「人に読んで聞かせる」ことで刺激される

6 理解
物事や言葉について考え、理解する。「書かれた言葉を理解する」ことで刺激される

7 思考
物事を深く考え、判断する機能が集まる。「なぜ？」と考えることで刺激される

8 感情
喜怒哀楽の感情表現を司る。「情景を思い浮かべる・共感する」ことで刺激される

毎日楽しく続けられる、音読のヒントを散りばめました。くり返し読むたびに新しい発見があり、言葉への興味・理解がさらに広がっていきます。

★この本の使い方

たのしく よみましょう

めいさく 1

おんどく ① ② ③ ④ ⑤ ⑥ ⑦ ⑧　あんしょう　月《がつ》　日《にち》

『わがはいは ねこである』
＊なつめ そうせき

わがはいは
ねこである。
なまえは
まだ ない。

おたのしみ
ねこの なまえを
かんがえて みよう。

ことばのちしき
漱石の代表作、冒頭の一文です。語り手は、教師の苦沙弥《くしゃみ》先生に飼われる一匹の猫「吾輩《わがはい》」。物語は、吾輩の生い立ちが語られるところから始まります。

12

さまざまなジャンルの言葉にふれられます

名作から詩歌、昔ながらの言葉遊びまで、さまざまなジャンルから言葉を選びました。音読するだけで、多彩な言葉の表現が身につきます。

めいさく　たんか　めいげん
し・うた　いいまわし　ちしき
はいく　ことばあそび　こてん

1日1ページ1分、少しずつレベルアップ

「読めた！」という達成感が得られるよう、難易度は少しずつ上がるようにしていますが、興味を持ったものから取り組むのもOKです。

タイトル・作者名が言葉への興味の入口に

タイトル・作者名も音読しましょう。言葉への興味がさらにうながされます。正式な題名がない言葉にも、わかりやすくタイトルをつけました。

言葉の理解を深めるための解説

名作ができた背景や、難しい言葉について、解説しています。親子で読んでみて、言葉に対する理解を深めましょう。

モチベーションを高め、理解を促すイラスト

パッと見ただけで文章の内容を理解できるような、楽しいイラスト入り。子どもが自分から、「読みたい」と思える気持ちを刺激します。

読みやすい書体、文字サイズ

文字の書体には、なじみやすい教科書体を採用しました。言葉の難易度が上がるとともに、文字量は多く、文字サイズは小さくなります。

読み方を意識することで脳をさらに刺激します

掲載されている言葉に合わせて読み方を意識することで、より育脳効果がアップします。特に活性化する「脳番地」(→ P5) を、アイコンで示しています。

【視覚】そうぞうして
【運動】リズムよく
【聴覚】うたうように
【記憶】ゆっくりと
【伝達】はっきりと
【理解】たのしく
【思考】かんがえながら
【感情】こころを　こめて

暗唱することでさらに脳が育ちます

暗唱できた日付を記入しましょう。寝る前に音読すると、記憶が定着しやすいので、無理に暗記せずとも、自然に暗唱できることもあります。

はっきりと　よみましょう
おんどく ① ② ③ ④ ⑤ ⑥ ⑦ ⑧
あんしょう　月《がつ》　日《にち》
こてん 82

『たけとり　ものがたり』

たけの　なかに、
もと　ひかる　たけなん
ひとすじ　ありける。
あやしがりて
よりて　みるに、
つつの　なか　ひかりたり。
それを　みれば、
さんずん　ばかりなる　ひと、
いと　うつくしゅうて　いたり。

おたのしみ
この　この　なまえを
かんがえて　みよう。

ことばのちしき
『竹取物語(かぐや姫)』の冒頭。「三寸《すん》」は、約 10㎝。「いとうつくしゅうていたり」は、「とてもかわいらしく座っていた」という意味です。

97

くり返し読むことで脳のネットワークが発達します

8回を目安に、くり返し読んでみましょう。脳番地は段階的に発達していくため、音読の回数を重ねることでも、鍛えられる脳番地がステップアップしていきます。

① 視覚　② 運動　③ 聴覚
④ 記憶　⑤ 伝達
⑥ 理解　⑦ 思考　⑧ 感情

【文末・文頭の★♥♣♦♠マーク】
1つの文章を数日に分けて掲載している場合、続きの文章だと分かるように文末と文頭に同じマークを示しています。

楽しみながら、考える力も身につきます

音読からさらに思考を広げて、言葉やイラストを楽しく味わうためのコラムです。答えは記載していません。ぜひ自由な発想を大切にしてあげてください。答えはひとつとは限りません！　お子さんと話し合ってみるといいですね。

! 1～120　助詞などを区別して音読をサポート

文字を読み始めたばかりの子どもにとって、知っている単語でも助詞などとつながることで、知らない単語として認識されてしまい、混乱を招くことがあります。音読が初めての子でも読みやすいように、**1～120**までは、区別すると読みやすい語に印をつけています。

もくじ

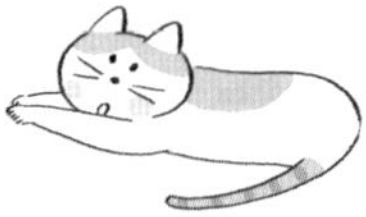

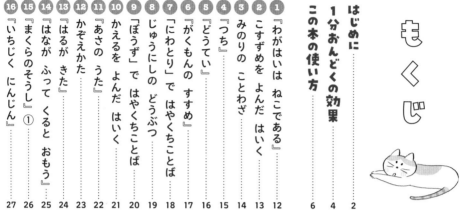

《おうちのかたへ》

※音読する文章・タイトルは、小学校低学年向けの国語教科書にならい、語と語の間、または文節と文節の間を1字分空ける「分かち書き」で表記しました。
※古文などの歴史的仮名づかいは、現代仮名づかいに変えて表記しています。
※名作・詩・歌について、音読しやすいよう一部変更・省略している作品があります。＊は原作を再編したものです。

たのしく よみましょう

めいさく 1

おんどく ①②③④⑤⑥⑦⑧　あんしょう　月《がつ》　日《にち》

『わがはいは ねこである』
＊なつめ そうせき

わがはいは
ねこである。
なまえは
まだ ない。

おたのしみ

ねこの なまえを
かんがえて みよう。

ことばのちしき

漱石の代表作、冒頭の一文です。語り手は、教師の苦沙弥《くしゃみ》先生に飼われる一匹の猫「吾輩《わがはい》」。物語は、吾輩の生い立ちが語られるところから始まります。

リズム《りずむ》よく よみましょう

はいく 2

おんどく ①②③④⑤⑥⑦⑧　あんしょう　月《がつ》　日《にち》

こすずめを よんだ はいく

＊こばやし いっさ

すずめの　こ
そこのけ
そこのけ
おうまが　とおる

おたのしみ

えの　なかに　いる
すずめは　なんわ？

ことばのちしき

「そこのけ」はもともと、大名行列が人払いをするときの言葉。一茶は人間の子を「雀《すずめ》の子」に例え、親しみをこめてこの句を詠んだといわれます。

はっきりと よみましょう

いいまわし 3

おんどく ① ② ③ ④ ⑤ ⑥ ⑦ ⑧

あんしょう 月《がつ》 日《にち》

みのりの ことわざ

もも くり
さんねん
かき はちねん
やがて おおきな
みを むすぶ

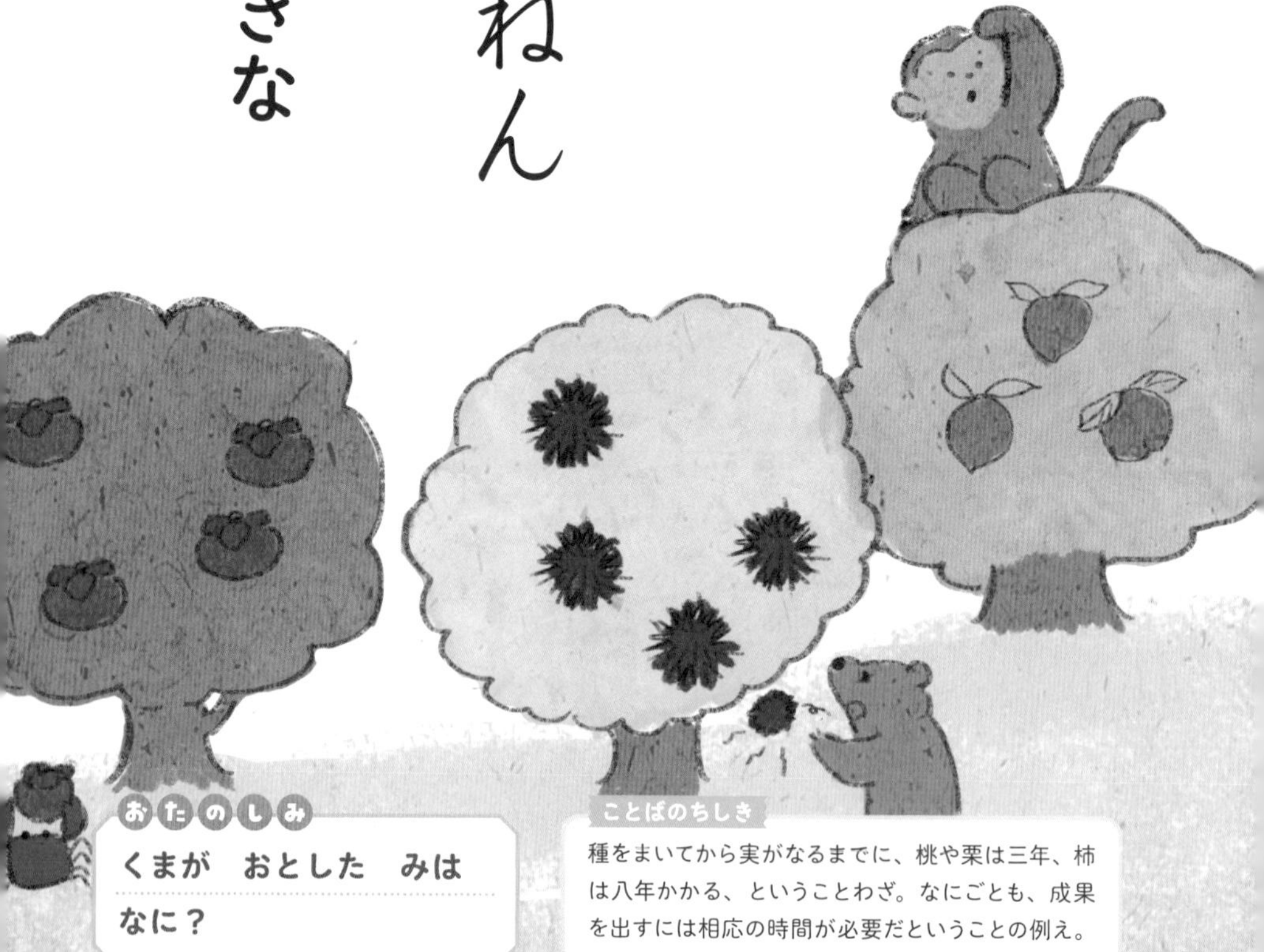

おたのしみ

くまが おとした みは なに？

ことばのちしき

種をまいてから実がなるまでに、桃や栗は三年、柿は八年かかる、ということわざ。なにごとも、成果を出すには相応の時間が必要だということの例え。

そうぞうして よみましょう

し・うた 4

おんどく ① ② ③ ④ ⑤ ⑥ ⑦ ⑧　あんしょう　月《がつ》　日《にち》

『つち』　＊みよし たつじ

ありが
ちょうの はねを
ひいて いく
ああ
ヨット《よっと》のようだ

おたのしみ

えの　なかに　ありが
にひき。どこに　いる？

ことばのちしき

三好達治は、大阪府出身の昭和を代表する詩人です。『土』は比喩《ひゆ》の授業の題材としても用いられることの多い詩です。イメージを語り合ってみましょう。

はっきりと よみましょう

し・うた 5

おんどく ① ② ③ ④ ⑤ ⑥ ⑦ ⑧　あんしょう　月《がつ》　日《にち》

『どうてい』

＊たかむら　こうたろう

ぼくの　まえに
みちは　ない。
ぼくの　うしろに
みちは　できる。

おたのしみ

どんな　みちが
できると　うれしい？

ことばのちしき

「道程《どうてい》」とは、目的地までの道のりのこと。この詩で「道」に例えられているのは人生。自分の未来を自分で切り開くことの大切さが、表現されています。

ゆっくりと よみましょう

めいげん 6

おんどく ①②③④⑤⑥⑦⑧　あんしょう 月《がつ》 日《にち》

てんは
ひとの うえに
ひとを つくらず
ひとの したに
ひとを つくらず

『がくもんの すすめ』
＊ふくざわ ゆきち

おたのしみ

みぎから よんばんめの
ひとの くつの いろは？

ことばのちしき

『学問のすゝめ』冒頭の一文です。諭吉は、人間は生まれつき平等であり、学問をするかしないかでその差が生まれると説きます。

リズム《りずむ》よく よみましょう

ことばあそび 7

おんどく ① ② ③ ④ ⑤ ⑥ ⑦ ⑧　あんしょう　月《がつ》　日《にち》

「にわとり」で　はやくちことば

にわには　にわ
にわとりが　いる
うらにわには　にわ
にわとりが　いる

おたのしみ
にわとりは　ぜんぶで
なんわ？

ゆっくりと　よみましょう

ちしき 8

おんどく 1 2 3 4 5 6 7 8　　あんしょう　月《がつ》　日《にち》

じゅうにしの　どうぶつ

ね　うし
とら　う
たつ　み
うま　ひつじ
さる　とり
いぬ　い

おたのしみ

えの　なかに、じぶんの
えとを　さがそう。

ことばのちしき

「ね」はねずみ、「う」はうさぎ、「たつ」は龍、「み」はへび、「とり」はにわとり、「い」はいのししを指します。家族の干支もわかるとよいですね。

リ《り》ズ《ず》ム《む》よく よみましょう

おんどく ① ② ③ ④ ⑤ ⑥ ⑦ ⑧ あんしょう 月《がつ》 日《にち》

「ぼうず」で はやくちことば

ぼうずが
びょうぶに
じょうずに
ぼうずの
えを かいた

おたのしみ

3かい つづけて
いって みよう。

うたうように よみましょう

はいく 10

おんどく ① ② ③ ④ ⑤ ⑥ ⑦ ⑧　あんしょう　月《がつ》　日《にち》

かえるを よんだ はいく

ふるいけや
かわず とびこむ
みずの おと

＊まつお ばしょう

おたのしみ

どんな　おとを
たてて　とびこんだ？

ことばのちしき

古池にかわず（かえる）がとびこみ、ひっそりとした中にその水音がひびいた情景です。周囲が静かなだけ、水音がいつまでも耳に残っているようです。

はっきりと よみましょう

し・うた
11

おんどく ①②③④⑤⑥⑦⑧　あんしょう　月《がつ》　日《にち》

『あさの うた』

＊こいずみ しゅうじ

おはよう まつげ
おはよう あくび
おはよう てのひら
おはよう からだ
きょう また
ぼくは うまれた

おたのしみ

あさ　おきたら、からだに
あいさつして　みよう。

ちしき 12

ゆっくりと よみましょう

おんどく ① ② ③ ④ ⑤ ⑥ ⑦ ⑧　あんしょう 月《がつ》 日《にち》

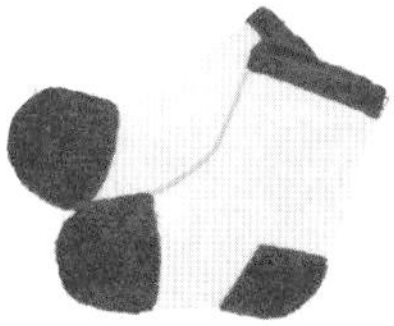

かぞえかた

くつした いっそく
てがみ いっつう
ほん いっさつ
いす いっきゃく
くるま いちだい
でんしゃ いちりょう

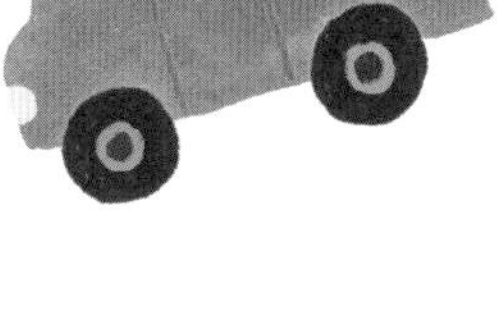

おたのしみ

すきな ほんを いっさつ
えらぶなら なに？

うたうように よみましょう

し・うた 13

おんどく ①②③④⑤⑥⑦⑧　あんしょう　月《がつ》　日《にち》

『はるが きた』

＊たかの たつゆき

はるが きた
はるが きた
どこに きた
やまに きた
さとに きた
のにも きた

おたのしみ

ハート《はあと》がたの　はなびらが
いちまい。どこに　ある？

そうぞうして よみましょう

し・うた 14

おんどく ① ② ③ ④ ⑤ ⑥ ⑦ ⑧　あんしょう 月《がつ》 日《にち》

『はなが ふって くると おもう』

＊やぎ じゅうきち

はなが
ふって くると おもう
はなが
ふって くると おもう
この てのひらに
うけとろうと おもう

おたのしみ

どんな はなが
ふって きて ほしい？

そうぞうして よみましょう

こてん 15

おんどく ①②③④⑤⑥⑦⑧　あんしょう　月《がつ》　日《にち》

『まくらのそうし』①

＊せいしょうなごん

はるは　あけぼの。

なつは　よる。

あきは　ゆうぐれ。

ふゆは　つとめて。

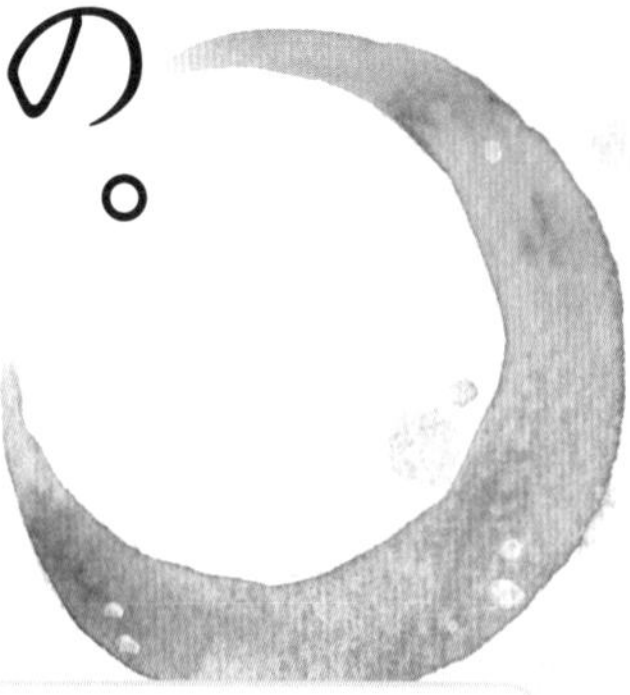

おたのしみ

あなたは　どの　きせつが　すき？

ことばのちしき

『枕草子』冒頭で清少納言が語る、四季折々の美しさです。「あけぼの」は、夜がほのぼのと明けようとするころ。「つとめて」は、早朝のことです。

うたうように よみましょう

おんどく ① ② ③ ④ ⑤ ⑥ ⑦ ⑧　あんしょう　月《がつ》　日《にち》

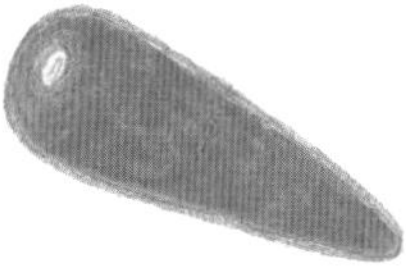
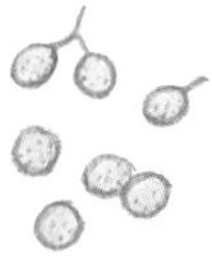

『いちじく にんじん』

いちじく　にんじん
さんしょに　しいたけ
ごぼうに　むくろじゅ
ななくさ　はつたけ
きゅうりに　とうがん

ことばのちしき

「むくろじゅ」は樹木で、かつては種子が羽根つきの玉にも使われました。「はつたけ」は、きのこの一種です。

うたうように よみましょう

し・うた 17

おんどく ① ② ③ ④ ⑤ ⑥ ⑦ ⑧　あんしょう　月《がつ》　日《にち》

『かたつむり』

でんでん　むしむし
かたつむり
おまえの　あたまは
どこに　ある
つの　だせ　やり　だせ
あたま　だせ

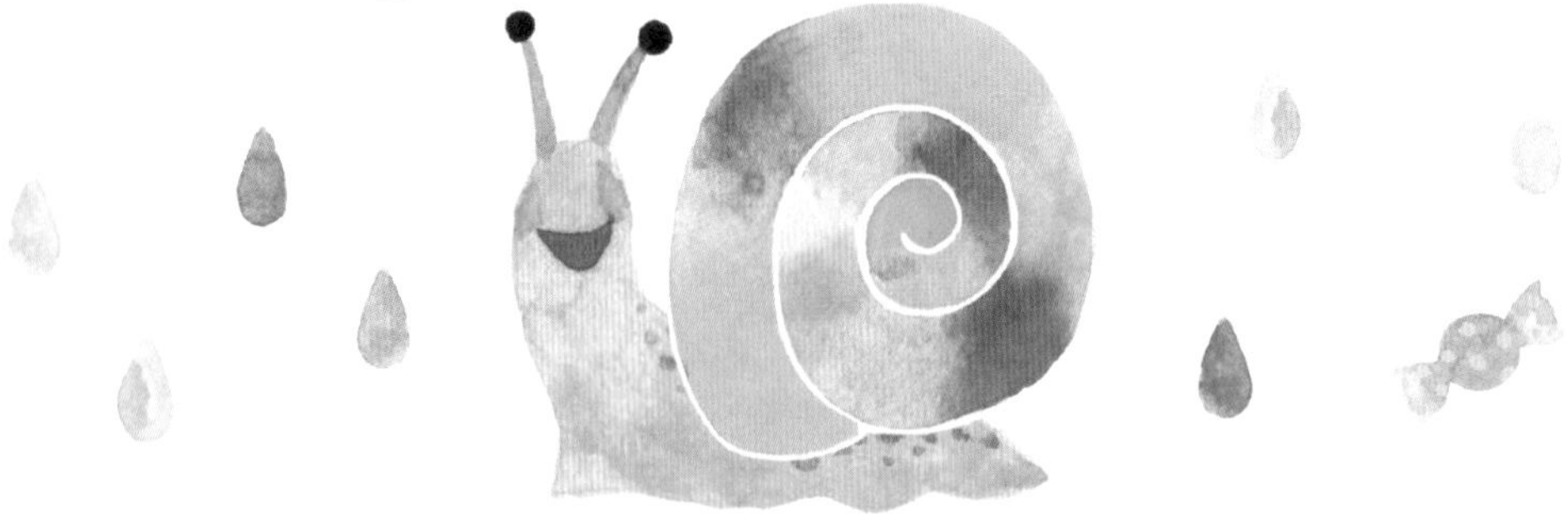

おたのしみ
おかしの「あめ」が
ひとつ　まじって　いるよ。

はっきりと よみましょう

いいまわし 18

おんどく ①②③④⑤⑥⑦⑧　あんしょう　月《がつ》　日《にち》

えがおに なる ことわざ

にこにこ
けらけら
わっはっは
わらう かどには
ふく きたる

おたのしみ

きょう　たのしかった
ことを　おもいだそう。

ことばのちしき

明るく笑顔を絶やさずにいれば、自然と幸運が訪れる、ということを例えたことわざです。「門《かど》」は、家・家族の意味です。

うたうように よみましょう

たんか 19

おんどく ① ② ③ ④ ⑤ ⑥ ⑦ ⑧　あんしょう　月《がつ》　日《にち》

しろい とりを よんだ たんか

しらとりは
かなしからずや
そらの あお
うみの あおにも
そまず ただよう

＊わかやま ぼくすい

ことばのちしき

意味は、「白鳥は哀《かな》しくないのだろうか。空の青にも、海の青にも染まらずに漂っている」。牧水は、孤独な鳥に自分を投影しているようでもあります。

リズム《りずむ》よく　よみましょう

はいく 20

おんどく ①②③④⑤⑥⑦⑧　あんしょう　月《がつ》　日《にち》

ふゆの　はじめに
よんだ　はいく
＊あくたがわ　りゅうのすけ

こがらしや
めざしに
のこる
うみの　いろ

おたのしみ

「うみの　いろ」は
どんな　いろ？

ことばのちしき

意味は、「木枯らしが吹いているなあ。目刺《めざし》にはかつて泳いでいた海の色が残っている」。「木枯らし」とは、冬の到来を告げる、強く冷たい風のことです。

リ《り》ズ《ず》ム《む》よく　よみましょう

し・うた
21

おんどく ①②③④⑤⑥⑦⑧　あんしょう　月《がつ》　日《にち》

あかい　めだまの　さそり
ひろげた　わしの　つばさ
あおい　めだまの　こいぬ、
ひかりの　へびの　とぐろ。

『ほしめぐりの　うた』
＊みやざわ　けんじ

おたのしみ

よぞらで　せいざを
さがして　みよう。

ことばのちしき

歌の星座は、さそり座、わし座、こいぬ座、へび座（またはりゅう座）を指すそうです。さそり座のアンタレス、こいぬ座のプロキオンが一等星です。

リズム《りずむ》よく よみましょう

し・うた 22

おんどく ①②③④⑤⑥⑦⑧　あんしょう　月《がつ》　日《にち》

かぞえうた

いち に
さんまの しっぽ
ゴリラ《ごりら》の むすこ
なっぱ はっぱ
くさった とうふ

おたのしみ

さんま→さんぽ など、
かえうたでも あそぼう。

ゆっくりと よみましょう

ちしき 23

おんどく ①②③④⑤⑥⑦⑧　あんしょう　月《がつ》　日《にち》

ひづけの よびかた

ついたち　ふつか

みっか　よっか

いつか　むいか

なのか　ようか

ここのか　とおか

おたのしみ

きょうは　なんがつ

なんにち？

うたうように よみましょう

たんか 24

おんどく ①②③④⑤⑥⑦⑧　あんしょう　月《がつ》　日《にち》

あきの けしきを よんだ たんか

こんじきの
ちいさき とりの
かたちして
いちょう ちるなり
ゆうひの おかに

＊よさの あきこ

おたのしみ

とりの　かたちの
はっぱは　なんまい？

ことばのちしき

意味は、「金色の小さな鳥のかたちをして、夕日が照らす丘にいちょうが散っている」。いちょうの葉を、鳥のかたちになぞらえています。

リズム《りずむ》よく よみましょう

ことばあそび 25

おんどく ①②③④⑤⑥⑦⑧　あんしょう 月《がつ》 日《にち》

まんぞくした ときの ことば

けっこう けだらけ
ねこ はいだらけ
おさるの おけつは
まっかっか

おたのしみ

「け」は なんかい
でて きたかな？

ことばのちしき

「たいへんけっこうだ」という言葉を、ふざけて言った言い回し。もともとの言葉に、シャレで言葉を付け足した「付け足し言葉」のひとつです。

はっきりと よみましょう

いいまわし 26

おんどく ①②③④⑤⑥⑦⑧　あんしょう　月《がつ》　日《にち》

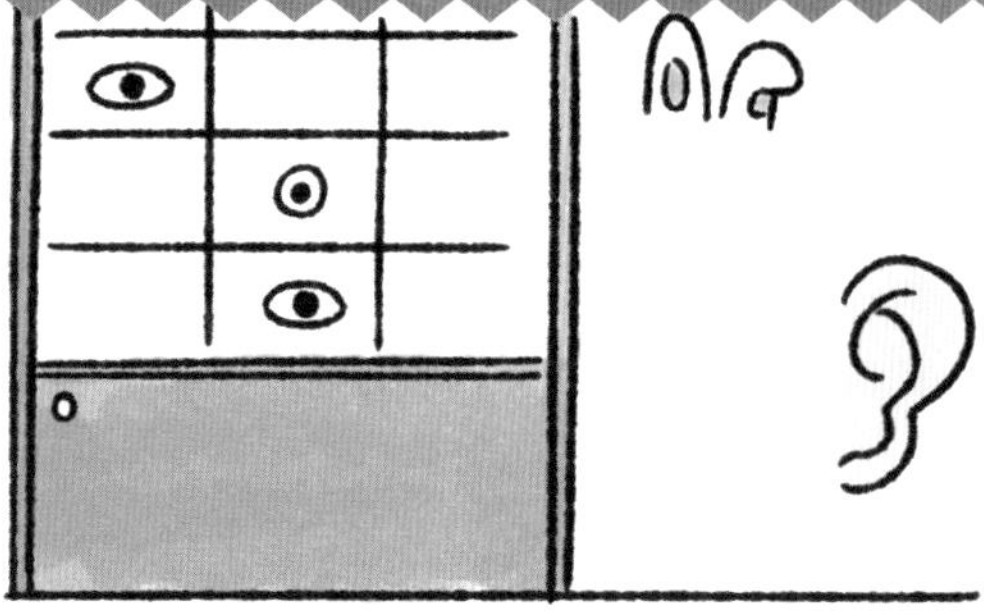

ひみつに ちゅういする ことわざ

かべに みみ あり
しょうじに
め あり

ないしょばなしに
ごようじん

おたのしみ

だれにも いえない
ひみつは ある？

ことばのちしき

こっそり話しているつもりでも、誰かが壁に耳をつけて聞いていたり、障子の穴からのぞいたりしているかもしれない。秘密はもれやすいことの例え。

たんか 27

うたうように よみましょう

おんどく ①②③④⑤⑥⑦⑧　あんしょう　月《がつ》　日《にち》

はるの はじめに よんだ たんか

＊こうこうてんのう

きみが ため
はるの のに いでて
わかな つむ
わが ころもでに
ゆきは ふりつつ

おたのしみ

えの　なかに
「わかな」は　なんぼん？

ことばのちしき

意味は、「あなたのために、春の野に出かけて若菜を摘む私の衣の袖に、雪は降り続いている」。新春に若菜を食べると、災《わざわ》いを祓《はら》うとされていました。

リズム《りずむ》よく よみましょう

ちしき 28

おんどく ①②③④⑤⑥⑦⑧　あんしょう　月《がつ》　日《にち》

はるの ななくさ

せり なずな
ごぎょう はこべら
ほとけのざ
すずな すずしろ
これぞ ななくさ

ことばのちしき

1月7日の朝に、七草が入った「七草粥」を食べると一年を健康で暮らせると言い伝えられています。「すずな」はかぶ、「すずしろ」は大根の別称です。

そうぞうして よみましょう

し・うた 29

おんどく ① ② ③ ④ ⑤ ⑥ ⑦ ⑧　あんしょう　月《がつ》　日《にち》

『くも』　＊やまむら ぼちょう

おうい くもよ
ゆうゆうと ばかに
のんきそうじゃ ないか
どこまで ゆくんだ
ずっと いわきたいらの
ほうまで ゆくんか

おたのしみ

あなたが　くもなら
どこに　いきたい？

ことばのちしき

「磐城《いわき》」は、暮鳥が当時住んでいた、福島県の地名。磐城平は、そこから見えた山のことといわれます。

じぶんを すきに なる ことば

＊とうい よしお

じぶんは じぶんの
しゅじんこう
せかいで
ただ ひとりの
じぶんを つくって いく♪
せきにんしゃ

おもしろ
おんどく
1

さかさまことば スーパーマーケット《すうぱあまあけっと》

うえから　よんでも、
したから　よんでも、　あれ？
ふしぎな　ふしぎな、
さかさま　ことば。

さかなや

いか　まさか
さかさまかい

かい　たべたいか

やおや

なすですな

かいすぎ
すいか

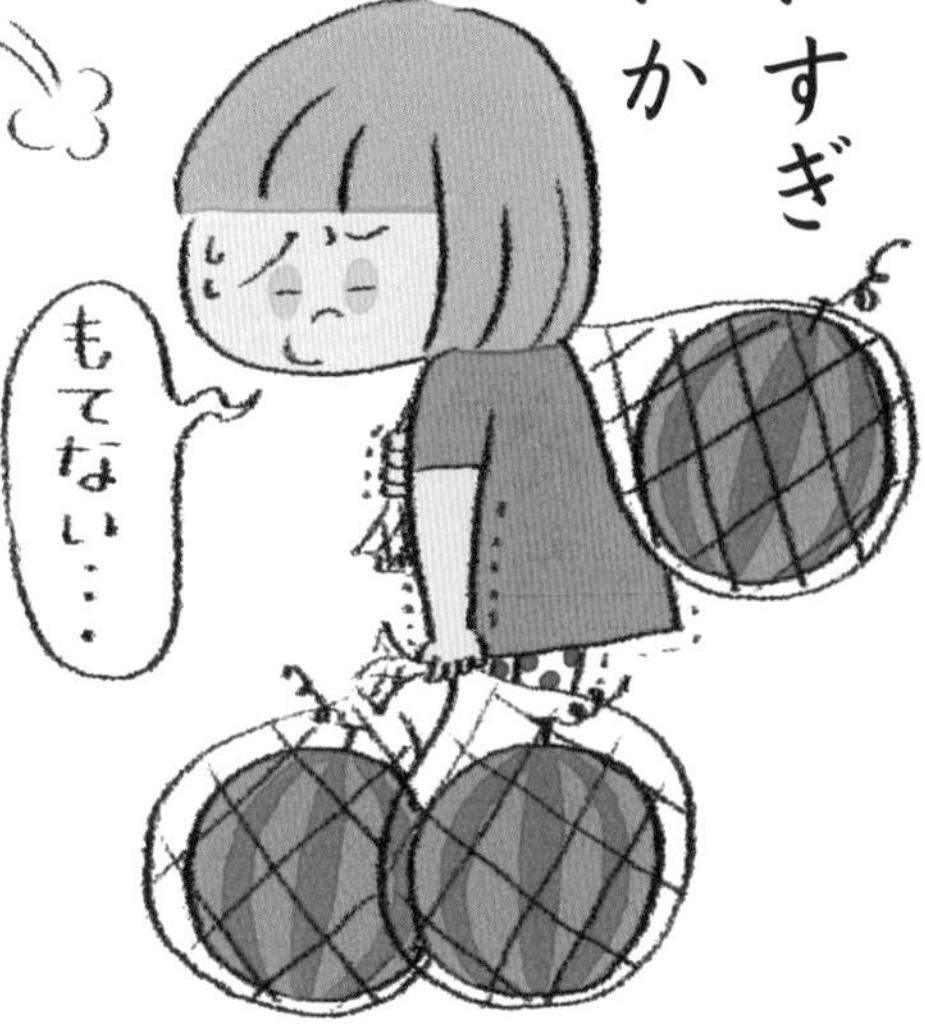

よる
すきやき
するよ

たいやき
やいた

おかしや

しかの
えの かし

だんご
むごんだ

フ《ふ》ー《う》ド《ど》
コ《こ》ー《お》ト《と》

めんどうな
うどんめ

なると
とるな

いなり
たべたりない

そうぞうして よみましょう

し・うた 31

おんどく ①②③④⑤⑥⑦⑧　あんしょう　月《がつ》　日《にち》

『われは くさなり』

＊たかみ じゅん

われは くさなり
のびんと す
のびられる とき
のびんと す
のびられぬ ひは
のびぬなり
のびられる ひは
のびるなり

おたのしみ

うさぎが　いっぴき
かくれんぼ。どこ？

リズム《りずむ》よく よみましょう

おんどく ①②③④⑤⑥⑦⑧　あんしょう　月《がつ》　日《にち》

『いろはうた』

いろはにほへと
ちりぬるを
わかよたれそ
つねならむ
ういのおくやま
けふこえて
あさきゆめみし
えひもせす

おたのしみ

ちょうちょうが　いっぴき
とんで　いるよ。どこ？

ことばのちしき

ひらがな四十七文字で構成される歌。すべてのひらがなを、一文字ずつ使っていることが特徴です。「七・五」をくり返す音のリズムも楽しみましょう。

うたうように よみましょう

し・うた
33

おんどく ①②③④⑤⑥⑦⑧

あんしょう 月《がつ》 日《にち》

『ふじの やま』

＊いわや さざなみ

あたまを
くもの うえに だし
しほうの やまを
みおろして
かみなりさまを
したに きく
ふじは
にっぽんいちの やま

おたのしみ

ふじさんは なにが
にっぽんいち？

はっきりと よみましょう

ちしき 34

おんどく ① ② ③ ④ ⑤ ⑥ ⑦ ⑧　あんしょう 月《がつ》 日《にち》

いろいろな てんき

はれ くもり あめ
きり かすみ もや
かみなり いなずま
みぞれ ゆき
あられ ひょう

あしたは どんな てんきだろう

おたのしみ

あしたの てんきを
よそうしよう。

うたうように よみましょう

おんどく ①②③④⑤⑥⑦⑧　あんしょう　月《がつ》　日《にち》

『うらしまたろう』

むかし　むかし
うらしまは
たすけた　かめに
つれられて
りゅうぐうじょうへ
きて　みれば
えにも　かけない
うつくしさ

おたのしみ
くらげが　にひき。
どこに　いる？

リズム《りずむ》よく よみましょう

ことばあそび 36

おんどく ①②③④⑤⑥⑦⑧　あんしょう　月《がつ》　日《にち》

「たけ」で はやくちことば

となりの たけがきに
たけ たてかけたのは
たけ たてかけたかったから
たけ たてかけた

おたのしみ

「たけ」を なんかい
いったかな？

うたうように よみましょう

はいく 37

おんどく ①②③④⑤⑥⑦⑧　あんしょう　月《がつ》　日《にち》

そらを みあげて よんだ はいく

はるの つき
さわらば しずく
たりぬべし

うまそうな ゆきが
ふうわり ふわり かな

＊こばやし いっさ

おたのしみ

つきと　ゆき、どちらが
おいしそう？

ことばのちしき

一句目は、さわるとしずくが垂れそうなほど、朧《おぼろ》に潤んだ春の月の情景です。二句目は、ふわりふわりと舞う牡《ぼ》丹雪《たんゆき》を、甘い砂糖菓子に例えています。

うたうように よみましょう

たんか
38

おんどく ① ② ③ ④ ⑤ ⑥ ⑦ ⑧

あんしょう　月《がつ》　日《にち》

はるの こころを よんだ たんか

＊ありわらの なりひら

よのなかに
たえて さくらの
なかりせば
はるの こころは
のどけからまし

おたのしみ

さくらが　ちる　とき、
どんな　ふうに　かんじる？

ことばのちしき

意味は、「この世の中に桜がなかったら、春を迎える人の心はどんなにのどかだろう」。すぐに散ってしまう桜を思って落ち着かない、春の心の描写です。

うたうように よみましょう

おんどく ①②③④⑤⑥⑦⑧　あんしょう　月《がつ》　日《にち》

『こいのぼり』

＊こんどう みやこ

やねより たかい
こいのぼり
おおきい まごいは
おとうさん
ちいさい ひごいは
こどもたち
おもしろそうに およいでる

おたのしみ

おとうさんの
「まごい」は　どれかな？

リズム《りずむ》よく　よみましょう

し・うた **40**

おんどく ①②③④⑤⑥⑦⑧　あんしょう　月《がつ》　日《にち》

『せいくらべ』　＊うんの　あつし

はしらの　きずは
おととしの
ごがつ　いつかの
せいくらべ
ちまき　たべ　たべ
にいさんが
はかって　くれた
せいの　たけ

おたのしみ

あした、
しんちょうを
はかって　みよう。

はっきりと よみましょう

ことばあそび 41

おんどく ① ② ③ ④ ⑤ ⑥ ⑦ ⑧　あんしょう 月《がつ》 日《にち》

たのみごとを ひきうける ときの ことば

おっと
がってん
しょうちのすけ
おちゃのこ
さいさい
かっぱの
へ

おたのしみ

かっぱの　おならって
どんな　におい？

ことばのちしき

「合点《がってん》承知《しょうち》の助《すけ》」は、「合点」と「承知」を人名らしく言ったシャレで、「心得た」の意味です。「お茶の子」は茶菓子のことで、簡単に食べられるもの。つまり、簡単にできるということを表します。

はっきりと よみましょう

いいまわし 42

おんどく ①②③④⑤⑥⑦⑧　あんしょう　月《がつ》　日《にち》

ねうちが わかって いない ことわざ

ねうちを しらない
もったいない

ねこに こばん

ぶたに しんじゅ

うまの みみに
ねんぶつ

おたのしみ

ねこが ねらって いる
ものは なに？

ことばのちしき

貴重なものを与えても、その本人には値打ちがわかっていないことを例えたことわざ。「念仏」は、ありがたいお経のこと。

リズム《りずむ》よく よみましょう

めいさく 43

おんどく ① ② ③ ④ ⑤ ⑥ ⑦ ⑧　あんしょう　月《がつ》　日《にち》

『かぜの またさぶろう』

＊みやざわ けんじ

どっどど どどうど
どどうど どどう
あおい くるみも
ふきとばせ
すっぱい かりんも
ふきとばせ
どっどど どどうど
どどうど どどう

おたのしみ

「ど」を なんかい
いったかな？

そうぞうして よみましょう

し・うた 44

おんどく ①②③④⑤⑥⑦⑧　あんしょう　月《がつ》　日《にち》

『ある とき』

＊やまむら ぼちょう

もくれんの はなが
ぽたりと おちた
まあ なんという
あかるい おおきな
おとだったろう
さようなら
さようなら

ことばのちしき

季節の移ろいとともに枝から落ちた木蓮《もくれん》の花。暮鳥はその音を、「明るい大きな音」ととらえます。自然に訪れたひとつの別れを、あくまでも明るくとらえた詩です。

『はしれ メロス《めろす》』①

＊だざい おさむ

メロス《めろす》は げきどした。
かならず、
かの じゃちぼうぎゃくの
おうを
のぞかなければ
ならぬと
けついした。★

おたのしみ

メロス《めろす》は だれに
おこって いるのかな？

ことばのちしき

『走れメロス』の冒頭です。「邪智暴虐《じゃちぼうぎゃく》」とは、悪いことに頭が働き、人々を苦しめること。メロスは、むやみに民衆を殺す王に激怒しているのです。

おんどく 1 2 3 4 5 6 7 8　あんしょう 月《がつ》 日《にち》

メロス《めろす》には　せいじが　わからぬ。メロス《めろす》は、むらの　ぼくじんである。ふえを　ふき、ひつじと　あそんで　くらして　きた。けれども　じゃあくに　たいしては、ひといちばいに　びんかんであった。

ことばのちしき

「牧人《ぼくじん》」とは、牧場で牛や馬、羊を飼って生計を立てる人のこと。「邪悪《じゃあく》」とは一体どんなことなのか、親子で話し合ってみてもよいでしょう。

うたうように よみましょう

たんか 47

おんどく ①②③④⑤⑥⑦⑧　あんしょう　月《がつ》　日《にち》

はたらく ひとの たんか

＊いしかわ たくぼく

はたらけど
はたらけど なお
わが くらし
らくに ならざり
じっと てを みる

おたのしみ

どうして　てを　みたのか
かんがえて　みよう。

ことばのちしき

啄木が故郷・岩手から東京に出てきて働いていたときにつくった歌です。「じっと手を見る」というシンプルなしぐさに、その気持ちが現れています。

はっきりと よみましょう

いいまわし 48

おんどく ① ② ③ ④ ⑤ ⑥ ⑦ ⑧　あんしょう　月《がつ》　日《にち》

コツコツ《こつこつ》 がんばる ことわざ

つづける ことが なにより だいじ

ちりも つもれば
やまと なる

いしの うえにも さんねん

あまだれ いしを うがつ

おたのしみ

いしの　うえで　なにを
かんがえて　いるのかな？

ことばのちしき

いずれも、「小さな積み重ねが、やがて大きな成果を生む」という意味。「石の上にも三年」は、三年座り続けると、冷たい石も温まるという例えです。

ゆっくりと よみましょう

ちしき 49

おんどく ①②③④⑤⑥⑦⑧　あんしょう 月《がつ》 日《にち》

つきの よびかた

むつき　きさらぎ
やよい　うづき
さつき　みなづき
ふみづき　はづき
ながつき　かんなづき
しもつき　しわす

おたのしみ

じぶんの　たんじょうびの
つきの　よびかたは？

ことばのちしき

月の古い呼び方。1月から12月を順に並べました。漢字表記は、睦月《むつき》・如月《きさらぎ》・弥生《やよい》・卯月《うづき》・皐月《さつき》・水無月《みなづき》・文月《ふみづき》・葉月《はづき》・長月《ながつき》・神無月《かんなづき》・霜月《しもつき》・師走《しわす》。

うたうように よみましょう

おんどく ① ② ③ ④ ⑤ ⑥ ⑦ ⑧　　あんしょう　月《がつ》　日《にち》

しんねんに よんだ たんか

＊いしかわ たくぼく

なんとなく、
ことしは よい こと
あるごとし。
がんじつの あさ、
はれて かぜ なし。

おたのしみ

どんな「よいこと」が
おきると　おもう？

ことばのちしき

意味は、「なんとなく今年はよいことが起こりそうだ。元日の朝に、晴れて風がない」。おだやかに晴れた元旦、啄木の清々しい気持ちを詠んだ歌です。

そうぞうして よみましょう

し・うた 51

おんどく ①②③④⑤⑥⑦⑧　あんしょう　月《がつ》　日《にち》

『おおぞらの こころ』

＊やぎ じゅうきち

わたしよ　わたしよ
はくちょうと　なり
らんらんと
すきとおって
おおぞらを　かけり
おおぞらの
うるわしい　こころに
ながれよう

おたのしみ

おおぞらを　とぶなら、
どんな　とりに
なりたい？

そうぞうして よみましょう

し・うた 52

おんどく 1 2 3 4 5 6 7 8　あんしょう 月《がつ》 日《にち》

『よごれっちまった かなしみに……』

＊なかはら ちゅうや

よごれっちまった
かなしみに
きょうも こゆきの
ふりかかる
よごれっちまった
かなしみに
きょうも かぜさえ
ふきすぎる

おたのしみ

かなしみが 「よごれた」のは、どうしてだろう。

ことばのちしき

「七・五」でくり返される音のリズムとともに、中世独特の世界観を味わいましょう。「汚れっちまった悲しみ」に、冷たい「小雪」や「風」が、さらに悲しさを運ぶようです。

そうぞうして よみましょう

おんどく ① ② ③ ④ ⑤ ⑥ ⑦ ⑧　あんしょう　月《がつ》　日《にち》

『てぶくろを かいに』①

*にいみ なんきち

まわたのように やわらかい
ゆきの うえを
かけまわると、
ゆきの こが、
しぶきのように
とびちって
ちいさい にじが
すっと うつるのでした。

ことばのちしき

『手ぶくろを買いに』の一文。初めての冬を迎えた子ぎつねが、雪にはしゃぐ姿が描かれています。飛び散った「雪の粉《こ》」に、小さな虹が映る情景が印象的です。

たのしく　よみましょう

めいさく
54

おんどく ① ② ③ ④ ⑤ ⑥ ⑦ ⑧　あんしょう　月《がつ》　日《にち》

『つきよと　めがね』
＊おがわ　みめい

つきの　ひかりは、
うすあおく、
この　せかいを
てらして　いました。
なまあたたかな　みずの　なかに、
こだちも、いえも、おかも、みんな
ひたされたようで　あります。

おたのしみ
うさぎが　いっぴき
かくれんぼ。どこ？

リズム《りずむ》よく よみましょう

おんどく ①②③④⑤⑥⑦⑧　あんしょう 月《がつ》 日《にち》

『ごじゅうおん』

＊きたはら はくしゅう

あめんぼ あかいな
あいうえお
うきもに こえびも
およいでる
かきの き くりの き
かきくけこ
きつつき こつこつ
かれけやき

おたのしみ

あめんぼ、こえび、
きつつきは どこ？

はっきりと よみましょう

ことばあそび 56

おんどく ①②③④⑤⑥⑦⑧　あんしょう　月《がつ》　日《にち》

どうぶつの だじゃれ

かえる びっくり
ひっくりかえる

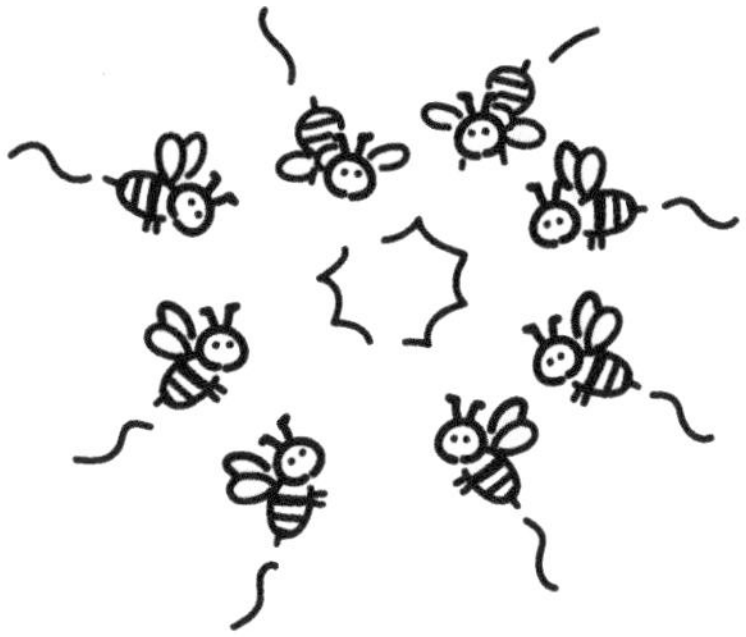

はちが はちひき
はちあわせ

しかが しかられて
しかめっつら

おたのしみ

「かえる」「はち」「しか」
なんかいずつ いった？

うたうように よみましょう

し・うた 57

おんどく ①②③④⑤⑥⑦⑧　あんしょう　月《がつ》　日《にち》

『ちゃつみ』

なつも　ちかづく
はちじゅうはちや
のにも　やまにも
わかばが　しげる
あれに　みえるは
ちゃつみじゃ　ないか
あかねだすきに
すげの　かさ

おたのしみ

「あかねだすき」は、
なにいろの　たすき？

ことばのちしき

「八十八夜《はちじゅうはちや》」は、立春から数えて88日目の5月2日ごろ。この春から夏へと移り変わる時期に行われる茶摘みは、かつては紺絣《こんがすり》に赤い襷《たすき》がけが定番でした。

そうぞうして よみましょう

し・うた 58

おんどく ①②③④⑤⑥⑦⑧　あんしょう　月《がつ》　日《にち》

『ゆうひ』

＊くずはら しげる

ぎんぎん　ぎらぎら
ゆうひが　しずむ
ぎんぎん　ぎらぎら
ひが　しずむ
まっかっかっか　そらの　くも
みんなの　おかおも　まっかっか
ぎんぎん　ぎらぎら
ひが　しずむ

おたのしみ

ゆうひは「ぎんぎん　ぎらぎら」。
あさひは　どんな　ひかりかた？

はっきりと よみましょう

いいまわし 59

おんどく ①②③④⑤⑥⑦⑧　あんしょう　月《がつ》　日《にち》

からだの かんようく

わくわく！

こころが おどる

まだかな？

くびを ながく する

ほしいよ

のどから てが でる

おいしい！

ほっぺが おちる

おたのしみ

あしたの　おやつは
なにが　いい？

うたうように よみましょう

おんどく ①②③④⑤⑥⑦⑧　あんしょう　月《がつ》　日《にち》

『おなかの へる うた』

＊さかた ひろお

どうして おなかが
へるのかな
けんかを すると
へるのかな
なかよし してても
へるもんな
かあちゃん かあちゃん
おなかと せなかが くっつくぞ

おたのしみ
あしたの
おひるは
なにが いい？

おもしろ おんどく 2

だじゃれ どうぶつえん

どうぶつたちは
とっても にぎやか。
だじゃれを かんがえるのも
たのしいよ。

とらに
とられた
トラック《とらっく》

うしの
うしろ

わにが
わに なる

てんさい・
うるさい・

たかい
ところの
たか

みみずくが
みみず　くう

こえを
からす
からす

つるが
つるっと　すべる

おぶさる

うま、うまい

にげさる

うたうように よみましょう

おんどく ① ② ③ ④ ⑤ ⑥ ⑦ ⑧　あんしょう 月《がつ》 日《にち》

『どこかで はるが』

＊ももた そうじ

どこかで はるが うまれてる
どこかで みずが ながれだす
どこかで ひばりが ないている
どこかで めの でる おとが する
やまの さんがつ そよかぜ ふいて
どこかで はるが うまれてる

おたのしみ

「めの でる おと」

って、どんな おと？

そうぞうして よみましょう

し・うた 62

おんどく ① ② ③ ④ ⑤ ⑥ ⑦ ⑧　あんしょう　月《がつ》　日《にち》

『りんご』

＊やまむら ぼちょう

りょうてを どんなに
おおきく おおきく
ひろげても
かかえきれない この きもち
りんごが ひとつ
ひあたりに
ころがって いる

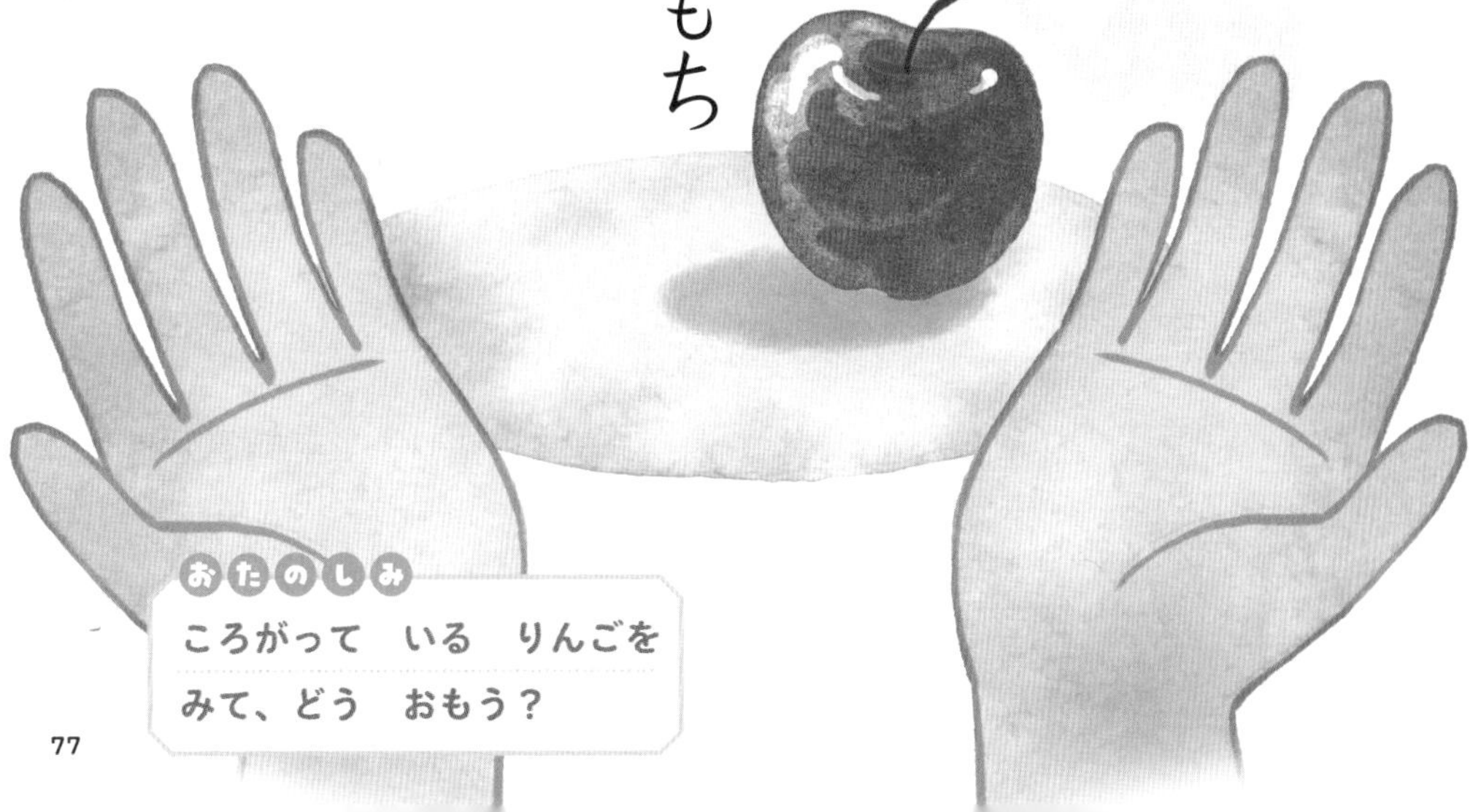

おたのしみ

ころがって いる りんごを
みて、どう おもう？

リズム《りずむ》よく よみましょう

ことばあそび 63

おんどく ①②③④⑤⑥⑦⑧　あんしょう　月《がつ》　日《にち》

「うり」で はやくちことば

うりうりが
うりうりに きて
うりうりのこし
うりうり かえる
うりうりの こえ

おたのしみ
「うり」を
なんかい
いったかな？

はっきりと よみましょう

ことばあそび 64

おんどく ① ② ③ ④ ⑤ ⑥ ⑦ ⑧　あんしょう　月《がつ》　日《にち》

とちの なまえが かくれた ことば

その ては くわなの
やきはまぐり

おそれいりやの
きしもじん

ことばのちしき

地名を使ったシャレが楽しい付け足し言葉。「その手はくわない」に「桑名《くわな》の焼き蛤《はまぐり》（三重の名物）」、「恐れ入った」に「入谷《いりや》の鬼子母神《きしもじん》（東京・入谷の安産・子育ての神様）」を、組み合わせています。

そうぞうして よみましょう

し・うた 65

おんどく ①②③④⑤⑥⑦⑧　あんしょう　月《がつ》　日《にち》

『たいりょう』

＊かねこ　みすず

あさやけ　こやけだ
たいりょうだ
おおばいわしの
たいりょうだ。

はまは　まつりの
ようだけど
うみの　なかでは　なんまんの
いわしの　とむらい　するだろう。

ことばのちしき

大漁の喜びにわく人間たちと、対照的な海の中のイワシたちの様子を描きます。命をいただくことについて、親子で話し合ってみてもよいでしょう。

うたうように よみましょう

たんか 66

おんどく ① ② ③ ④ ⑤ ⑥ ⑦ ⑧　　あんしょう　月《がつ》　日《にち》

ふじさんを よんだ たんか
＊やまべの あかひと

たごのうらに
うちいでて みれば
しろたえの
ふじの たかねに
ゆきは ふりつつ

ことばのちしき

意味は、「田子《たご》の浦（静岡県の海岸）に出かけて、はるか向こうを仰ぎ見ると、真っ白な富士山の高い嶺《みね》に、雪がしきりに降り積もっていることだなあ」。

うたうように よみましょう

し・うた 67

おんどく ①②③④⑤⑥⑦⑧　あんしょう　月《がつ》　日《にち》

『おぼろづきよ』

＊たかの たつゆき

なのはなばたけに
いりひ うすれ
みわたす やまの は
かすみ ふかし
はるかぜ そよふく
そらを みれば
ゆうづき かかりて
におい あわし

ことばのちしき

「朧月《おぼろづき》夜《よ》」は、月がおぼろに霞む、春の夜のこと。「入《い》り日《ひ》」は西の空に沈もうとしている太陽、「山《やま》の端《は》」は山と空が接している部分のことです。

ゆっくりと よみましょう

ちしき 68

おんどく ① ② ③ ④ ⑤ ⑥ ⑦ ⑧　あんしょう　月《がつ》　日《にち》

あきの ななくさ

＊やまのうえの おくら

はぎの はな
おばな くずばな
なでしこの はな
おみなえし
また ふじばかま
あさがおの はな

おたのしみ

「おばな」は、すすきの こと。どこに ある？

ことばのちしき

「春の七草」の対《つい》となる「秋の七草」は、秋の野を彩る野の花です。「尾花《おばな》」はススキのこと。また、昔はキキョウのことを「あさがお」といいました。

リズム《りずむ》よく　よみましょう

し・うた
69

おんどく ① ② ③ ④ ⑤ ⑥ ⑦ ⑧　あんしょう　月《がつ》　日《にち》

『かっぱ』

＊たにかわ　しゅんたろう

かっぱ　かっぱらった
かっぱ　らっぱ　かっぱらった
とってちってた

かっぱ　なっぱ　かった
かっぱ　なっぱ
いっぱ　かった
かって　きって　くった

おたのしみ

「かっぱ」と　なんかい　いったかな？

ことばのちしき

「かっぱらった」は盗んだ、「いっぱ」は「なっぱ（菜っ葉）」の数え方で、「一把《いっぱ》（一束）」のこと。「とってちってた」は、ラッパを吹き鳴らす音のイメージです。

はっきりと よみましょう

いいまわし 70

おんどく ①②③④⑤⑥⑦⑧　あんしょう 月《がつ》 日《にち》

おにが でて くる ことわざ

おにに かなぼう

おにの めにも なみだ

らいねんの ことを
いえば おにが わらう

つよくて やさしくて
おもしろい おに

おたのしみ

「おにに○○」。
あなたは　どんな
ことばに　する？

ことばのちしき

「鬼に金棒」は、強い者がさらに強くなること。「鬼の目にも涙」は、強い者にも優しい心があること。「来年の…」は、予測できない来年の話は、鬼でさえ笑ってしまう（意味がない）ことの例えです。

そうぞうして よみましょう

し・うた 71

おんどく ①②③④⑤⑥⑦⑧　あんしょう　月《がつ》　日《にち》

『ほしと たんぽぽ』

＊かねこ みすず

あおい おそらの そこ ふかく、
うみの こいしの そのように、
よるが くるまで しずんでる、
ひるの おほしは めに みえぬ。
　みえぬけれども あるんだよ。
みえぬ ものでも あるんだよ。

おたのしみ

ひるまの　ほしが
みえないのは　なぜ？

うたうように よみましょう

し・うた 72

おんどく ①②③④⑤⑥⑦⑧　あんしょう　月《がつ》　日《にち》

『たなばたさま』

＊ごんどう　はなよ

ささの　は　さらさら
のきばに　ゆれる
おほしさま　きらきら
きんぎん　すなご

ごしきの　たんざく
わたしが　かいた
おほしさま　きらきら
そらから　みてる

おたのしみ

あおいろの
さんかく　ひとつ。
どこに　ある？

し・うた 73

うたうように よみましょう

おんどく ① ② ③ ④ ⑤ ⑥ ⑦ ⑧　あんしょう　月《がつ》　日《にち》

『うさぎの ダ《だ》ン《ん》ス《す》』

＊のぐち うじょう

ソ《そ》ソ《そ》ラ《ら》 ソ《そ》ラ《ら》 ソ《そ》ラ《ら》
うさぎの ダ《だ》ン《ん》ス《す》
タ《た》ラ《ら》ッ《っ》タ《た》 ラ《ら》ッ《っ》タ《た》 ラ《ら》ッ《っ》タ《た》
ラ《ら》ッ《っ》タ《た》 ラ《ら》ッ《っ》タ《た》 ラ《ら》ッ《っ》タ《た》ラ《ら》
あしで けりけり
ピ《ぴ》ョ《ょ》ッ《っ》コ《こ》 ピ《ぴ》ョ《ょ》ッ《っ》コ《こ》 おどる
みみに はちまき
ラ《ら》ッ《っ》タ《た》 ラ《ら》ッ《っ》タ《た》 ラ《ら》ッ《っ》タ《た》ラ《ら》

おたのしみ
むらさきいろの　はなは
なんぼん？

かんがえながら よみましょう

めいさく 74

おんどく ①②③④⑤⑥⑦⑧　あんしょう　月《がつ》　日《にち》

『ほしの おうじさま』

＊サン《さん》・テグジュペリ《てぐじゅぺり》

バ《ば》ラ《ら》が たくさん あったと しても、
きみが じかんを かけて
そだてた バ《ば》ラ《ら》は
せかいで ひとつしか ない。
たいせつな ものは
こころで みなくちゃ。
めでは みえないんだよ。

おたのしみ

あなたの「たいせつなもの」は、なんだろう。

けついを　あらわす　ことば

＊さかもと　りょうま

よの　ひとは
われを　なにとも
いわば　いえ
わが　なす　ことは
われのみぞ　しる

おたのしみ

あなたが　これから
やりたい　ことは？

ことばのちしき

意味は、「世間の人が自分のことをどう言おうと、自分のすることの正しさは、自分だけが知っている」。坂本龍馬の言葉といわれています。

はっきりと よみましょう

いいまわし 76

おんどく ①②③④⑤⑥⑦⑧　あんしょう　月《がつ》　日《にち》

やるきが わいて くる ことわざ

まかぬ たねは はえぬ

まずは やって みよう。

おもいたったが きちじつ

おもいついた ひに はじめよう。

すきこそ ものの じょうずなれ

すきだから、がんばれる。

おたのしみ

あなたの　がんばれる

すきな　ことは？

はっきりと よみましょう

いいまわし 77

おんどく ① ② ③ ④ ⑤ ⑥ ⑦ ⑧　あんしょう　月《がつ》　日《にち》

ゆうきが でる ことわざ

ななころび
やおき
しっぱいは
せいこうの もと

くじけずに ちょうせんしよう！

おたのしみ

ちょうせんしたい
ことを　かんがえよう。

ことばのちしき

「七転び八起き」は、何回失敗してもくじけずにチャレンジすること。例え失敗しても、反省してもう一度挑戦することで、その後の成功につながります。

ゆっくりと よみましょう

いいまわし 78

おんどく ①②③④⑤⑥⑦⑧　あんしょう　月《がつ》　日《にち》

じぶんを　はげます　ことば

なせば　なる
なさねば　ならぬ
なにごとも
ならぬは　ひとの
なさぬ　なりけり

＊うえすぎ　ようざん

おたのしみ

「な」は　なんかい
いったかな？

ことばのちしき

江戸時代の米沢藩主・上杉鷹山《ようざん》の言葉といわれています。意味は、「やればできる。どんなことでも、強い意志をもって行えば、必ずやり遂げられる」。

はっきりと よみましょう

おんどく ① ② ③ ④ ⑤ ⑥ ⑦ ⑧　あんしょう　月《がつ》　日《にち》

『さびしき みち』

＊たかむら こうたろう

かぎりなく さびしけれども
われは
すぎこし みちを すてて
まことに こよなき
ちからの みちを すてて
いまだ しらざる
つちを ふみ
かなしくも すすむなり

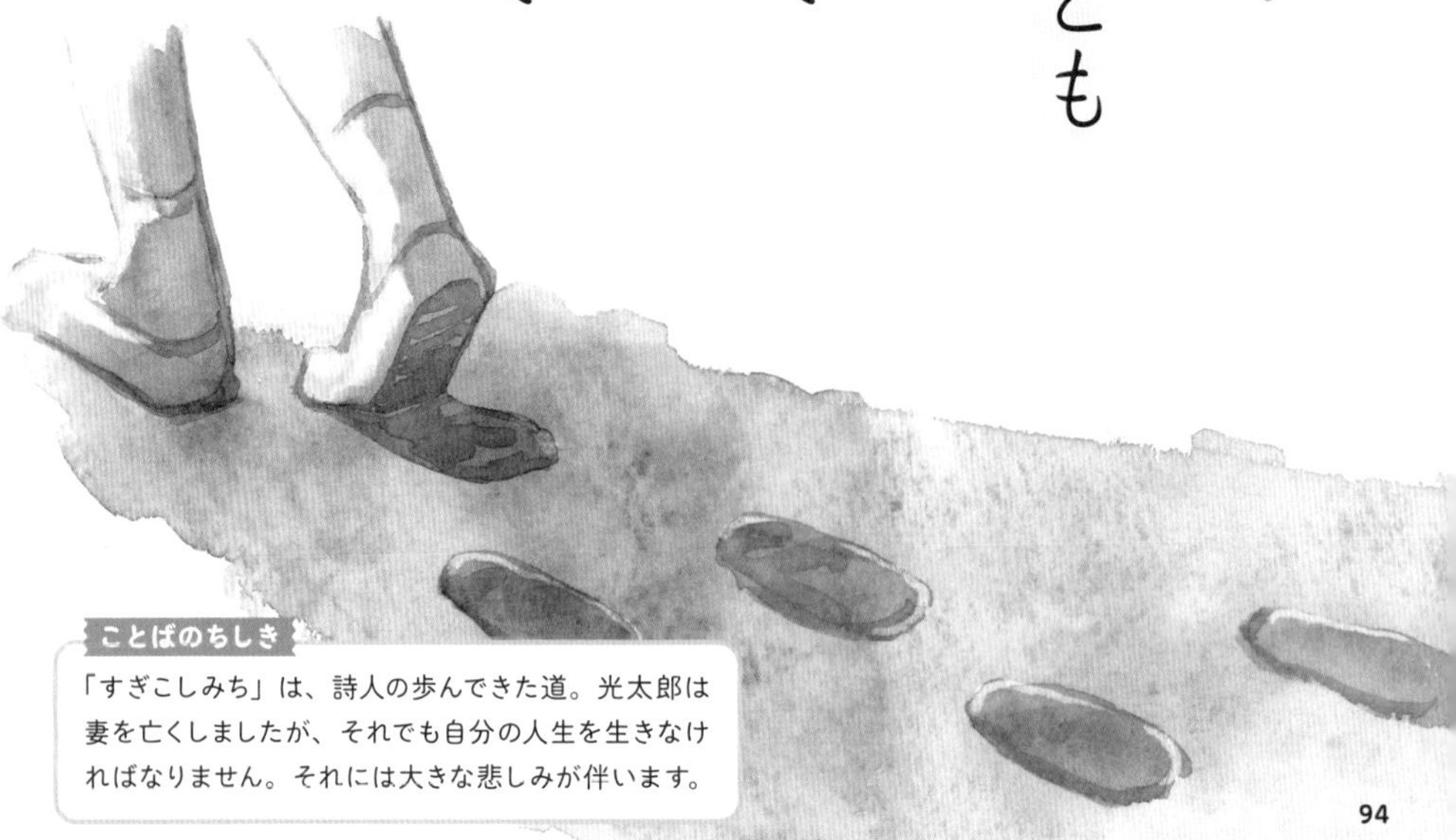

ことばのちしき

「すぎこしみち」は、詩人の歩んできた道。光太郎は妻を亡くしましたが、それでも自分の人生を生きなければなりません。それには大きな悲しみが伴います。

こころを こめて よみましょう

し・うた 80

おんどく ① ② ③ ④ ⑤ ⑥ ⑦ ⑧　あんしょう 月《がつ》 日《にち》

『こころよ』

＊やぎ じゅうきち

こころよ
では いって おいで
しかし
また もどって おいでね
やっぱり
ここが いいのだに
こころよ
では いって おいで

おたのしみ

「こころ」は　どこに
いって　きたのかな？

たのしく よみましょう

めいさく 81

おんどく ①②③④⑤⑥⑦⑧　あんしょう　月《がつ》　日《にち》

『ぼっちゃん』

＊なつめ そうせき

おやゆずりの むてっぽうで
こどもの ときから
そんばかり して いる。
しょうがっこうに
いる じぶん
がっこうの にかいから
とびおりて
いっしゅうかんほど
こしを ぬかした ことが ある。

おたのしみ

「むてっぽう」とは
どんな　ひとだろう。

ことばのちしき

「無鉄砲《むてっぽう》」とは、むこうみずで、後先考えずに行動してしまうこと。タイトルの由来は、主人公が清《きよ》という老女に「坊っちゃん」と呼ばれていたことから。

はっきりと よみましょう

こてん 82

おんどく ①②③④⑤⑥⑦⑧　あんしょう　月《がつ》　日《にち》

『たけとり ものがたり』

たけの なかに、
もと ひかる たけなん
ひとすじ ありける。
あやしがりて
よりて みるに、
つつの なか ひかりたり。
それを みれば、
さんずん ばかりなる ひと、
いと うつくしゅうて いたり。

おたのしみ

この こ の なまえを かんがえて みよう。

ことばのちしき

『竹取物語(かぐや姫)』の冒頭。「三寸《ずん》」は、約 10㎝。「いとうつくしゅうていたり」は、「とてもかわいらしく座っていた」という意味です。

そうぞうして よみましょう

めいさく 83

おんどく ①②③④⑤⑥⑦⑧　あんしょう 月《がつ》 日《にち》

『らしょうもん』

＊あくたがわ りゅうのすけ

ある ひの くれがたの
ことである。
ひとりの げにんが、
らしょうもんの したで
あめやみを まって いた。
ひろい もんの したには、
この おとこの ほかに
だれも いない。

おたのしみ

げにんは なにを
かんがえて いるのかな？

ことばのちしき

『羅生門《らしょうもん》』の冒頭。ある日の暮《く》れ方《がた》（夕暮れ時）に、京都の外れにある荒れ果てた羅生門の下で、雨宿りをしている下人《げにん》（召使い）の姿が描かれています。

リズム《りずむ》よく よみましょう

し・うた 84

おんどく ①②③④⑤⑥⑦⑧　あんしょう 月《がつ》 日《にち》

『こがねむし』

＊のぐち うじょう

こがねむしは かねもちだ
かねぐら たてた
くら たてた
あめやで みずあめ かって きた
こがねむしは かねもちだ
かねぐら たてた
くら たてた
こどもに みずあめ なめさせた

おたのしみ

おかねもちに
なったら
なにを　かう？

たべもの だじゃれ

ぶどう
もう ひとつぶ どう

やすい すいかは
かいやすい すいか？

うめいりの
うめえ そうめん

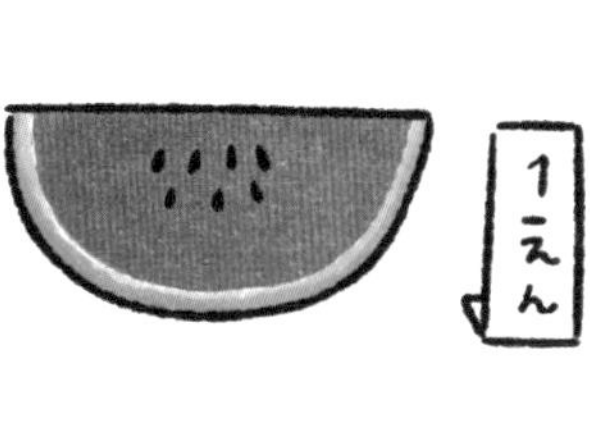

おたのしみ

「うめ」の　だじゃれは
ほかにも　あるかな？

はっきりと よみましょう

いいまわし 86

おんどく ①②③④⑤⑥⑦⑧　あんしょう　月《がつ》　日《にち》

しっぱいしない ための ことわざ

いそがば まわれ
たんきは そんき
せいては ことを しそんじる
いそぐ ときほど おちついて

おたのしみ

いそいで しっぱいした ことは ある？

ことばのちしき

いずれも、「急いで目的をとげようとすると、かえって失敗してしまう」という意味。安全で確実な方法をとるほうが、物事はうまくいくということ。

かんがえながら よみましょう

おんどく ① ② ③ ④ ⑤ ⑥ ⑦ ⑧　あんしょう　月《がつ》　日《にち》

『ふゆが きた』

＊たかむら こうたろう

きっぱりと ふゆが きた
やつでの しろい はなも きえ
いちょうの きも
ほうきに なった

きりきりと もみこむような ふゆが きた
ひとに いやがられる ふゆ
くさきに そむかれ、
むしるいに にげられる
ふゆが きた

ことばのちしき

「ヤツデ」は手のひらのようなかたちが特徴の常緑樹。天狗《てんぐ》が持っている葉団扇《はうちわ》としても、よく知られています。秋の終わりに白い花を咲かせます。

かんがえながら よみましょう

し・うた 88

おんどく ①②③④⑤⑥⑦⑧　あんしょう　月《がつ》　日《にち》

☆

ふゆよ　ぼくに　こい、
ぼくに　こい
ぼくは　ふゆの　ちから、
ふゆは　ぼくの　えじきだ

しみとおれ、つきぬけ
かじを　だせ、
ゆきで　うずめろ
はもののような
ふゆが　きた

おたのしみ

あなたは　ふゆを　どんな
きせつだと　かんじる？

たのしく よみましょう

めいさく 89

おんどく ①②③④⑤⑥⑦⑧　あんしょう　月《がつ》　日《にち》

『ももたろう』

むかし、ある ところに、
おじいさんと おばあさんが いました。
まいにち、
おじいさんは やまへ しばかりに、
おばあさんは かわへ せんたくに
いきました。
ある ひ、おばあさんが、
かわの そばで、せんたくを して いると、
かわかみから、おおきな ももが ひとつ、
「どんぶらこ。どんぶらこ。」
と、ながれて きました。★

おたのしみ

もし りんごだったら、
どんな ふうに
ながれて くるかな？

おんどく ① ② ③ ④ ⑤ ⑥ ⑦ ⑧　あんしょう　月《がつ》　日《にち》

★

おばあさんは　ももを
ひろいあげて、
かかえて　うちへ　かえりました。
おじいさんが　ももを　きろうと　すると、
ももは　ぽんと　ふたつに　われて、
「おぎゃあ。おぎゃあ。」
と　あかちゃんが
げんきよく　とびだしました。
おじいさんと　おばあさんは、
ももの　なかから　うまれた
この　こを、
「ももたろう」と　なづけました。

おたのしみ

あなたなら　あかちゃんに
どんな　なを　つける？

おたのしみクイズ《くいず》 1

めいさく だいめい あわせ

ほんに でてきた めいさくの ぶんしょうと、だいめいを せんで つなごう。

❶ メロス《めろす》は げきどした。 ★

❷ はるは あけぼの。 ★

❸ どっどど どどうど どどうど どどう ★

★

ぼっちゃん

★

はしれ メロス《めろす》

こたえ ❶ー はしれ メロス（58 ページ） ❷ー まくらのそうし（26 ページ）
❺ー らしょうもん（98 ページ） ❻ー たけとり ものがたり（97 ページ）

❹

おやゆずりの
むてっぽうで
こどもの　ときから
そんばかり　して　いる。

★

❺

ひとりの　げにんが、
らしょうもんの
したで　あめやみを
まって　いた。

★

❻

たけの　なかに、
もと　ひかる　たけなん
ひとすじ　ありける。

★

★

まくらの
そうし

★

かぜの
またさぶろう

★

たけとり　ものがたり

★

らしょうもん

❸ — かぜの　またさぶろう（95ページ）　❹ — ぼっちゃん（96ページ）

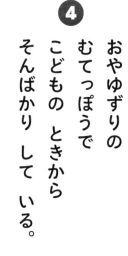

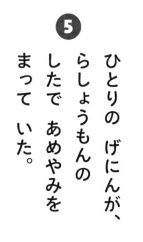

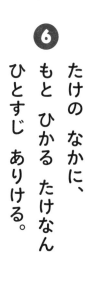

ゆっくりと よみましょう

し・うた
91

おんどく ① ② ③ ④ ⑤ ⑥ ⑦ ⑧　あんしょう　月《がつ》　日《にち》

『しゅんぎょう』
＊もうこうねん

しゅんみん
あかつきを おぼえず
しょしょ
ていちょうを きく
やらい ふううの こえ
はな おつる こと
しる たしょう

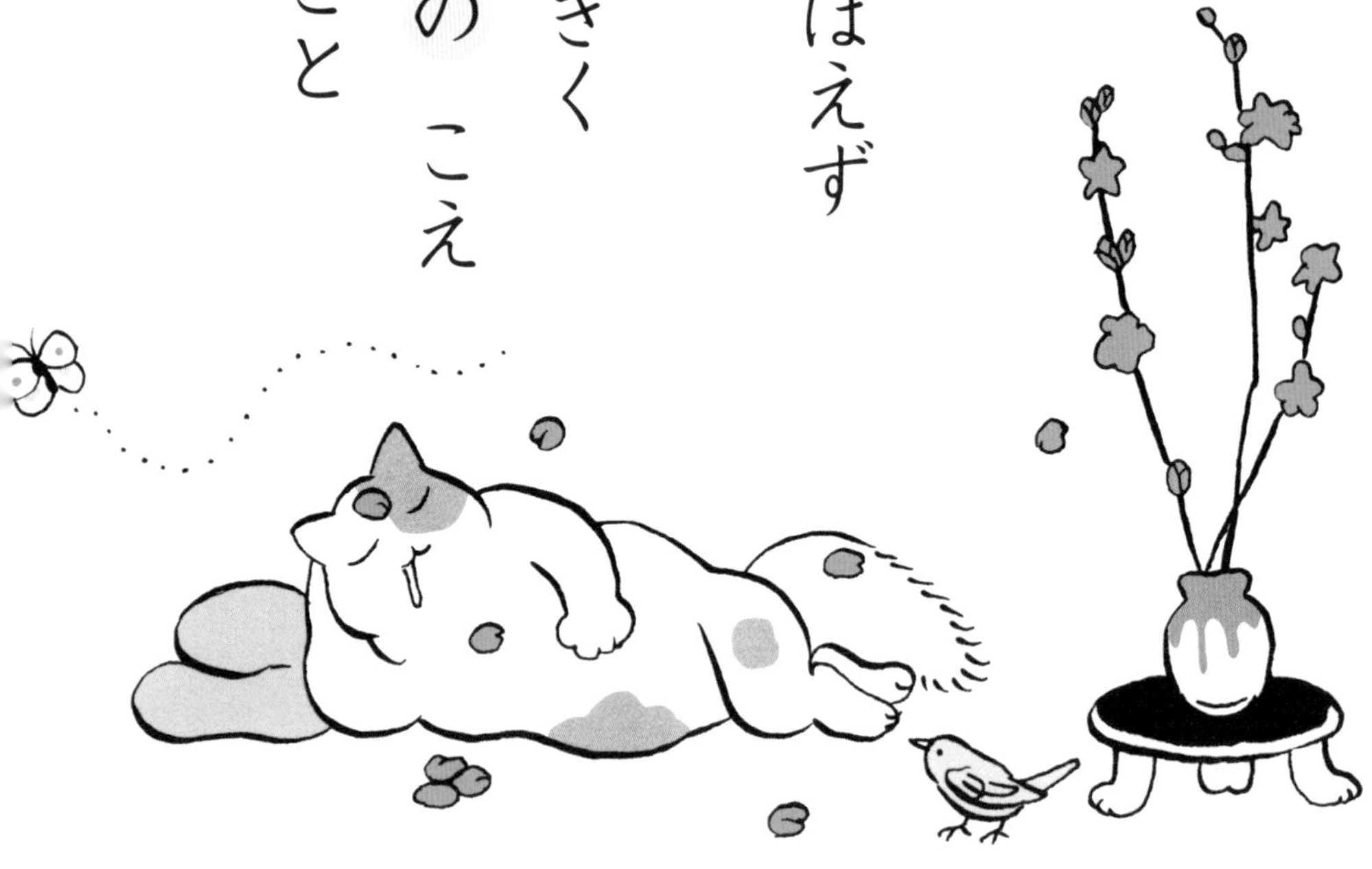

おたのしみ

はるに　ねむく　なるのは
どうしてだと　おもう？

ことばのちしき

《意味》春の眠りは心地よく、夜明けも知らずに寝過ごしてしまった。ふと目を覚ませば、小鳥の鳴く声がする。そういえば、昨夜は風雨の音が激しかった。きっと花がたくさん散ったことだろう。

リ《り》ズ《ず》ム《む》よく　よみましょう

はいく

92

おんどく 1 2 3 4 5 6 7 8　あんしょう　月《がつ》　日《にち》

はるの どうぶつを よんだ はいく

しかられて
めを つぶる ねこ
はるどなり

＊くぼた まんたろう

あおがえる
おのれも ペ《ぺ》ン《ん》キ《き》
ぬりたてか

＊あくたがわ りゅうのすけ

おたのしみ

しかられた　ねこは
どんな　きもち？

うたうように よみましょう

たんか 93

おんどく ① ② ③ ④ ⑤ ⑥ ⑦ ⑧　あんしょう　月《がつ》　日《にち》

なつの あけがたに
よんだ たんか
*ごとくだいじの さだいじん

ほととぎす
なきつる かたを
ながむれば
ただ ありあけの
つきぞ のこれる

おたのしみ

ほととぎすは
どんな　ふうに　なくのか
かんがえて　みよう。

ことばのちしき

意味は、「ほととぎすが鳴いた方角を眺めると、ただ有明の月（夜が明けても空に残る月）がぽっかりと浮かんでいた」。古来、ほととぎすは夏を告げる鳥です。

うたうように よみましょう

たんか

94

おんどく ①②③④⑤⑥⑦⑧　あんしょう　月《がつ》　日《にち》

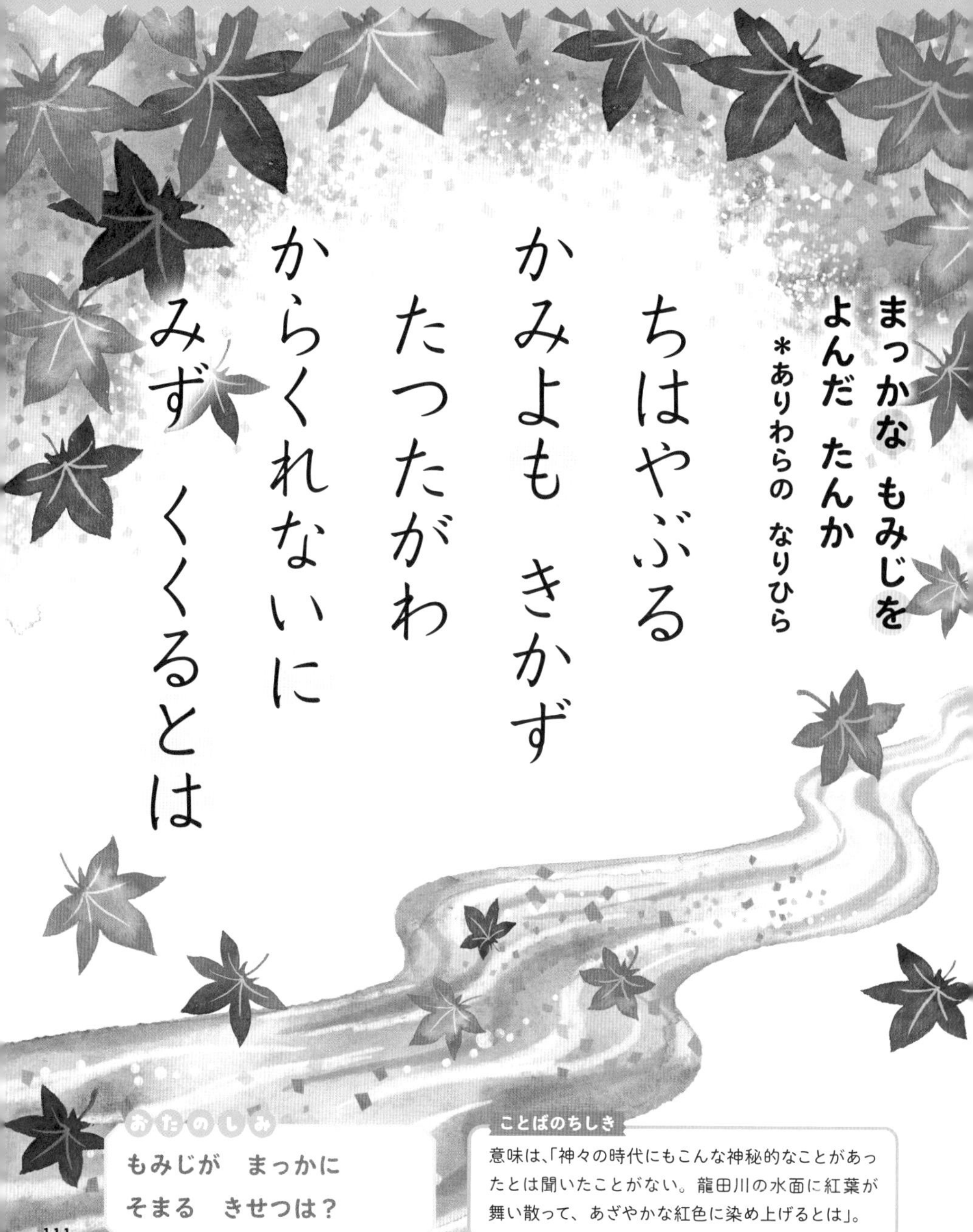

まっかな もみじを
よんだ たんか
＊ありわらの なりひら

ちはやぶる
かみよも きかず
たつたがわ
からくれないに
みず くくるとは

おたのしみ

もみじが　まっかに
そまる　きせつは？

ことばのちしき

意味は､「神々の時代にもこんな神秘的なことがあったとは聞いたことがない。龍田川の水面に紅葉が舞い散って、あざやかな紅色に染め上げるとは」。

こころを こめて よみましょう

し・うた 95

おんどく ①②③④⑤⑥⑦⑧　あんしょう　月《がつ》　日《にち》

『あきの いのり』

＊たかむら こうたろう

あきは りょうりょうと
そらに なり
そらは みずいろ、
とりが とび
たましい いななき
せいじょうの みず
こころに ながれ
こころ めを あけ
どうじと なる

ことばのちしき

光太郎の詩集『道程《どうてい》』の最後に収められた詩です。「喨喨《りょうりょう》」とは、音が明るく澄んで響き渡る様子。秋の心は「童子《どうじ》」のように、純粋に澄んでいます。すがすがしい秋の空に、「祈り」の気持ちを感じてみましょう。

ゆっくりと よみましょう

ちしき 96

おんどく ① ② ③ ④ ⑤ ⑥ ⑦ ⑧　あんしょう 月《がつ》 日《にち》

くもの なまえ

むれで およぐよ **いわしぐも**
まるまると した **ひつじぐも**
れつに なって のびる **すじぐも**
はいいろで ぶあつい **あまぐも**
わたがしみたいな **わたぐも**
もこもこ おおきく もりあがる
にゅうどうぐもは あらしの まえぶれ

おたのしみ

ソフトクリーム《そふとくりいむ》の くもは
どこに ある？

ゆっくりと よみましょう

こてん 97

おんどく ① ② ③ ④ ⑤ ⑥ ⑦ ⑧　あんしょう　月《がつ》　日《にち》

『つれづれぐさ』 ＊けんこうほうし

つれづれなるままに、
ひぐらし、
すずりに　むかいて、
こころに　うつり　ゆく
よしなしごとを、
そこはかとなく　かきつくれば、
あやしゅうこそ　ものぐるおしけれ。

おたのしみ

きょう、いちばん　こころに　のこった　できごとは？

ことばのちしき

随筆《ずいひつ》『徒然草《つれづれぐさ》』の冒頭です。意味は、「所在なさにまかせて机に向かい、心に浮かぶとりとめのないことを書きつけていると、妙に落ち着かない気持ちになる」。

はっきりと よみましょう

いいまわし 98

おんどく ①②③④⑤⑥⑦⑧　あんしょう　月《がつ》　日《にち》

ゆだんして しまった ときの ことわざ

さるも きから
おちる

かっぱの かわながれ

こうぼうも
ふでの あやまり

じょうずな ひとにも しっぱいは ある

おたのしみ

どうしたら　しっぱい
しないか、かんがえよう。

ことばのちしき

いずれも、その道にすぐれた人でも、ときには失敗することがあるという例え。「弘法《こうぼう》」は、書の名人だったといわれる弘法大師（空海《くうかい》）のこと。

はっきりと よみましょう

おんどく ① ② ③ ④ ⑤ ⑥ ⑦ ⑧　あんしょう　月《がつ》　日《にち》

おわびの ことば・おれいの ことば

ごめん そうめん
ひやそうめん

かんしゃ かんげき
あめ あられ

はっきりと よみましょう

ことばあそび 100

おんどく ① ② ③ ④ ⑤ ⑥ ⑦ ⑧　あんしょう　月《がつ》　日《にち》

だじゃれ　おすしやさん

ほんじつ　かいてん
かいてんずし
「いくらは　いくら？」
「ほんとうに　うに？」
「いかで　いいかな？」
「たいを　たべたい！」

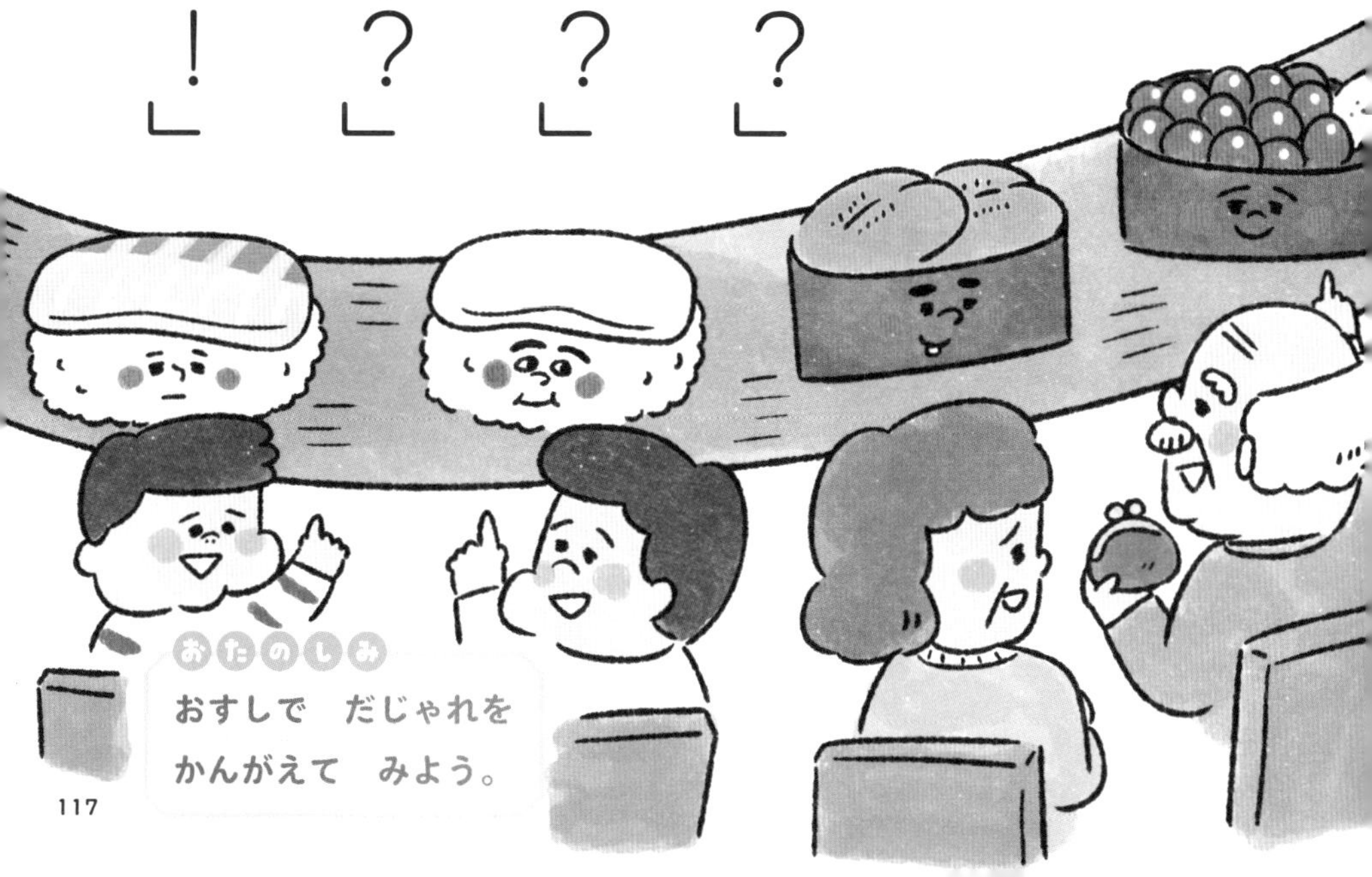

おたのしみ

おすしで　だじゃれを
かんがえて　みよう。

おんどく ①②③④⑤⑥⑦⑧　あんしょう　月《がつ》　日《にち》

『はるの あした』

＊ロバート《ろばあと》・ブラウニング《ぶらうにんぐ》
（やく／うえだ びん）

ときは はる、
ひは あした、
あしたは しちじ、
かたおかに つゆ みちて、
あげひばり、なのり いで、
かたつむり えだに はい、
かみ、そらに しろしめす。
すべて よは こともなし。

おたのしみ

さわやかな　あさ、
いちばんに　なにを　する？

ことばのちしき

「あした」は、朝のことです。春の朝七時、丘の斜面に露が満ちて、揚げ雲雀《ひばり》は空に舞い、蝸牛《かたつむり》は枝にはう。神は天にいらっしゃる。この世は何ごともない。

そうぞうして よみましょう

おんどく ①②③④⑤⑥⑦⑧　あんしょう　月《がつ》　日《にち》

『いし』

＊ほりぐち だいがく

いしは だまって ものを いう
じかに こころに ものを いう。
あめには ぬれて ひに かわき
いしは ひゃくねん かわらない。
ながれる みずに さからって
いしは せんねん うごかない。

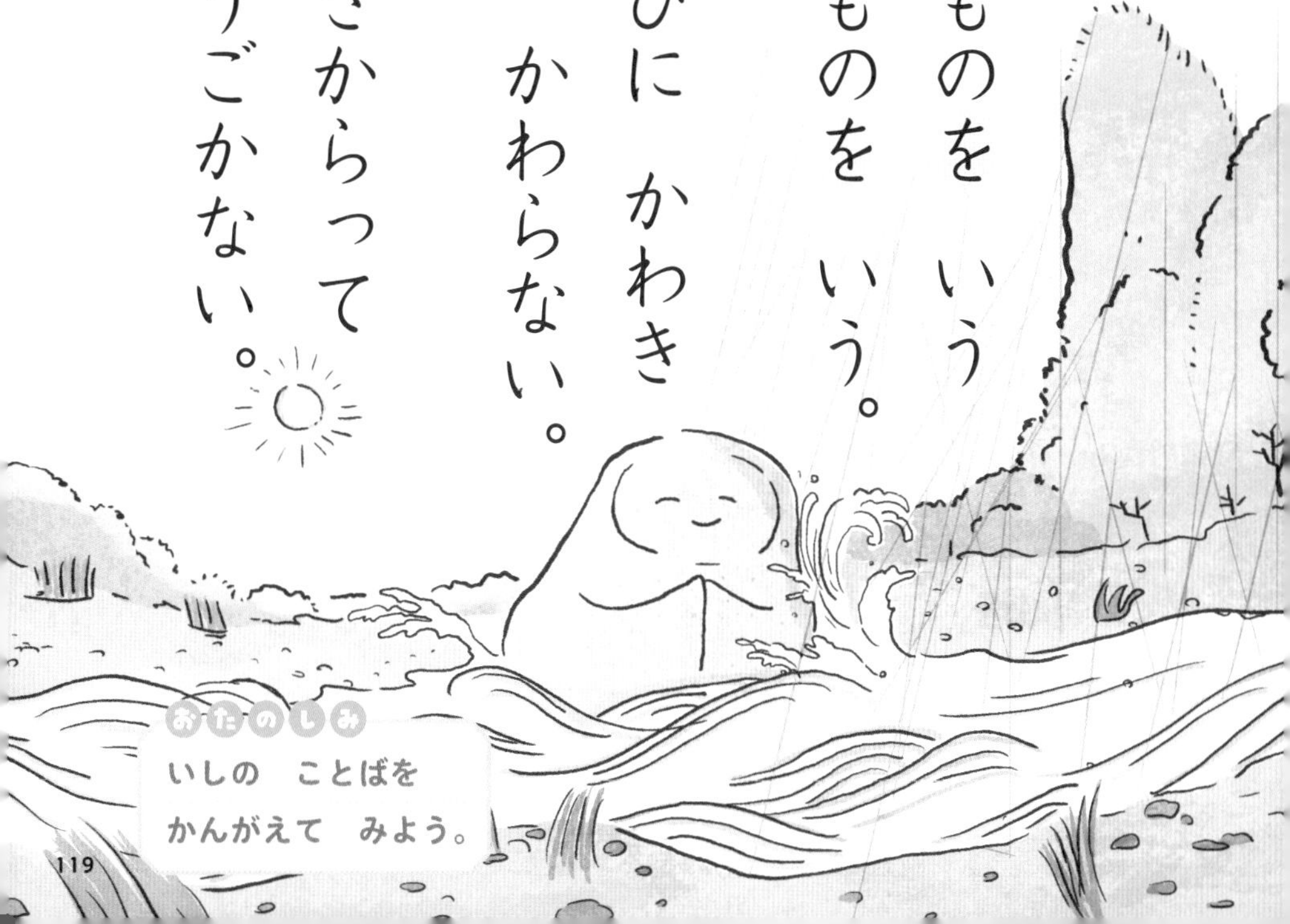

おたのしみ

いしの　ことばを
かんがえて　みよう。

かんがえながら よみましょう

し・うた 103

おんどく ①②③④⑤⑥⑦⑧　あんしょう　月《がつ》　日《にち》

『あたりまえ』

＊たかむら　こうたろう

あたりまえの　ことでも
ぼくは　いう
あたりまえの　ことでも
ぼくは　する
あたりまえで　ない　ことでも
ぼくは　いう
あたりまえで　ない　ことでも
ぼくは　する

おたのしみ
「あたりまえの　こと」って、
どんな　ことだろう。

『ちいさき ものへ』

＊ありしま たけお

ぜんとは とおい。
そして くらい。
しかし おそれては ならぬ。
おそれない ものの まえに
みちは ひらける。
いけ。
いさんで。
ちいさき ものよ。

おたのしみ

みちの さきには
なにが あるのだろう？

ことばのちしき

『小さき者へ』は、作家・有島武郎が妻を亡くしたときに、残された三人の小さな子どもたちに向けて書きました。子どもたちを勇気づけ、将来を期待する言葉に満ちた、父親の愛があふれる作品です。

こころを こめて よみましょう

おんどく ① ② ③ ④ ⑤ ⑥ ⑦ ⑧　あんしょう　月《がつ》　日《にち》

『はしる はしる はしる』

＊むらやま かいた

はしる はしる はしる
こがねの こぞう ただ ひとり
いれひの なかを はしる、
はしる はしる
ぴかぴかと くらくらと
いれひの なかへ とぶように
はしる はしる
はしれ こぞう
きんの こぞう
はしる はしる はしる
はしれ きんの こぞう。

おたのしみ

こぞうは どうして
はしって いるの かな？

うたうように よみましょう

おんどく ① ② ③ ④ ⑤ ⑥ ⑦ ⑧

あんしょう　月《がつ》　日《にち》

『とんぼの めがね』

＊ぬかが せいし

とんぼの　めがねは　みずいろ　めがね
あおい　おそらを
とんだから　とんだから

とんぼの　めがねは　ぴか　ぴか　めがね
おてんとさまを
みてたから　みてたから

とんぼの　めがねは　あかいろ　めがね
ゆうやけぐもを
みてたから　みてたから

おたのしみ

あかい　めの　とんぼが
みた　ものは　なに？

そうぞうして よみましょう

し・うた 107

おんどく ① ② ③ ④ ⑤ ⑥ ⑦ ⑧　あんしょう　月《がつ》　日《にち》

『ひばり』

ぴい ぴい ぴいと さえずる ひばり
さえずりながら どこまで あがる
たかい たかい くもの うえか
こえは きこえて
みえない ひばり

ぴい ぴい ぴいと さえずる ひばり
さえずり やんで どこらへ おちた
あおい あおい むぎの なかか
すがた かくれて
みえない ひばり

おたのしみ

むぎの　なかに　ひばりが
かくれんぼ。どこ？

たのしく よみましょう

し・うた 108

おんどく ①②③④⑤⑥⑦⑧　あんしょう　月《がつ》　日《にち》

『きんぎょの うた』

＊むろう さいせい

きんぎょは びっくりして
うんこを した。
ぼくが いそいで
えんがわから とびおりた ときに
きんぎょは みずの うえに ういて いたが
ふいに ぼくの かげが みずに うつると、
きんぎょは びっくりして
みずの そこに しずんで いった。
あんまり びっくりしたので
うんこを した。
うんこは かなしげに ういて しずんだ。

おたのしみ

きんぎょは　どうして
びっくりしたのかな？

はっきりと よみましょう

おんどく ① ② ③ ④ ⑤ ⑥ ⑦ ⑧　あんしょう　月《がつ》　日《にち》

ようじんぶかい ことを たとえた ことわざ

じゅんびと ちゅういが
だいじだよ

そなえ あれば
うれい なし

いしばしを
たたいて わたる

おたのしみ

あすの　よういを
してから　ねよう。

ことばのちしき

「備えあれば…」は、前もって準備を整えておくことが大切、という意味。「石橋を…」は、さらに用心に用心を重ねることの例えです。

うたうように よみましょう

たんか 110

おんどく ①②③④⑤⑥⑦⑧　あんしょう　月《がつ》　日《にち》

あきの ゆうぐれに よんだ たんか

＊よさの あきこ

なにとなく
きみに またるる
ここち して
いでし はなのの
ゆうづくよかな

おたのしみ

「きみ」を　だれかの
なまえに　して　みよう。

ことばのちしき

意味は、「なんとなくあなたが待っているような気がして、草花が咲き乱れる秋の野に出てみたけれど、あなたはいない。夕方の月が空に浮かんでいるだけ」。

たのしく よみましょう

し・うた 111

おんどく ①②③④⑤⑥⑦⑧　あんしょう 月《がつ》 日《にち》

『いっぽんでも ニンジン《にんじん》』

＊まえだ としひろ

いっぽんでも ニンジン《にんじん》
にそくでも サンダル《さんだる》
さんそうでも ヨット《よっと》
よつぶでも ゴマシオ《ごましお》
ごだいでも ロケット《ろけっと》
ろくわでも シチメンチョウ《しちめんちょう》
しちひきでも ハチ《はち》
はっとうでも クジラ《くじら》
きゅうはいでも ジュース《じゅうす》
じゅっこでも イチゴ《いちご》

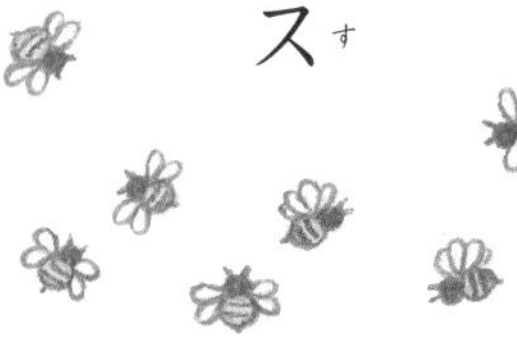

おたのしみ

はちは なんびき
とんで いる？

し・うた 112

リ《り》ズ《ず》ム《む》よく　よみましょう

おんどく ①②③④⑤⑥⑦⑧　あんしょう　月《がつ》　日《にち》

『さよなら　さんかく　また　きて　しかく』

さよなら　さんかく　また　きて　しかく
しかくは　とうふ　とうふは　しろい
しろいは　うさぎ　うさぎは　はねる
はねるは　かえる　かえるは　あおい
あおいは　やなぎ　やなぎは　ゆれる
ゆれるは　ゆうれい　ゆうれいは　きえる
きえるは　でんき　でんきは　ひかる
ひかるは　おやじの　はげあたま

おたのしみ

「はげあたま」の
つづきを　かんがえよう。

『よだかの ほし』

＊みやざわ けんじ

よだかは はっきり
まなこを ひらきました。
そして じぶんの からだが いま
りんの ひのような
あおい うつくしい ひかりに なって、
しずかに もえて いるのを みました。
すぐ となりは、カシオピア《かしおぴあ》ざでした。
あまのがわの あおじろい ひかりが、
すぐ うしろに なって いました。

おたのしみ

きたの そらで
カシオペア《かしおぺあ》ざを さがそう。

ことばのちしき

「よだか」は物語の主人公の鳥です。「まなこ」は目、元素の「りん」は青く燃えます。賢治はカシオペア座を「カシオピアざ」と表記しました。

おんどく ①②③④⑤⑥⑦⑧　あんしょう 月《がつ》 日《にち》

『くまさん』

＊まど・みちお

はるが　きて
めが　さめて
くまさん　ぼんやり　かんがえた
さいて　いるのは　たんぽぽだが
ええと　ぼくは　だれだっけ
だれだっけ

はるが　きて
めが　さめて
くまさん　ぼんやり　かわに　きた
みずに　うつった　いい　かお　みて
そうだ　ぼくは　くまだった
よかったな

おたのしみ
わたげに　なった
たんぽぽは　なんぼん？

『おおきな かぶ』

おじいさんが、はたけに かぶの たねを まきました。
「はやく おおきく なるんだぞ。
あまい かぶに なるんだぞ。」
すると、かぶは ぐんぐん そだって、
とてつもなく おおきな かぶに なりました。
「かぶを ぬいて、たべると しよう。」
おじいさんは、はっぱに てを かけて、
「うーんとこしょ。どっこいしょ。」
しかし、かぶは びくとも しません。
そこで みんなで ちからを あわせて、
かぶを ぬく ことに しました。★

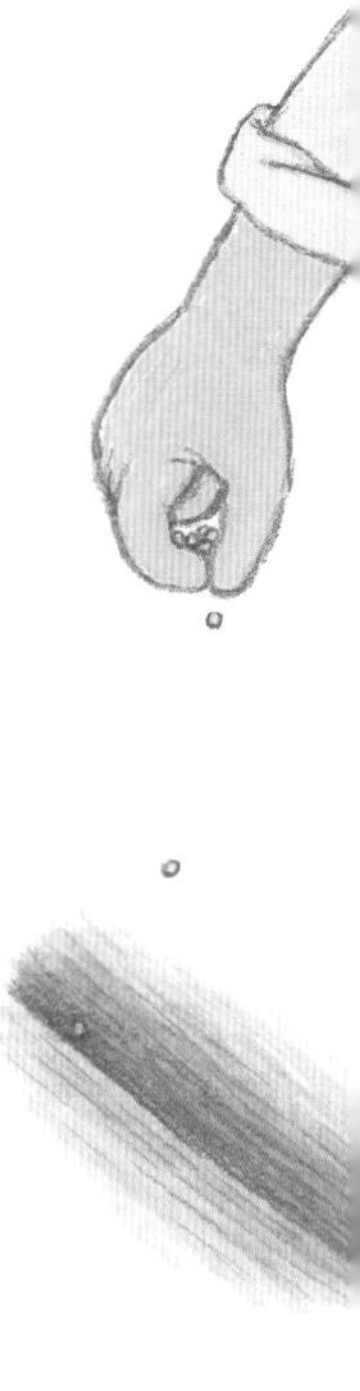

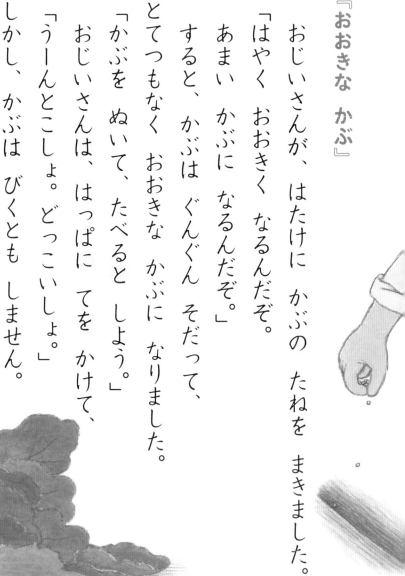

★

ねずみが　ねこを　ひっぱって、
ねこが　いぬを　ひっぱって、
いぬが　まごむすめを　ひっぱって、
まごむすめが　おばあさんを　ひっぱって、
おばあさんが　おじいさんを　ひっぱって、
おじいさんが　かぶを　ひっぱって、
「うーんとこしょ。どっこいしょ。」
「うーんとこしょ。どっこいしょ。」
みんなで　ちからを　あわせて、
「うーんとこしょ。
どーっこいしょ！」
やっと、かぶは　ぬけました。

おたのしみ
まごむすめと　ねこの
あいだの　どうぶつは？

『はなさかじいさん』

おじいさんは、
ざるに はいった はいを かかえて、
「にほんいちの はなさかじじいで
ございます。
かれきに はなを さかせましょう。」
と、みちみち よんで あるきました。
すると、むこうから とのさまが、
うまに のって、
おおぜいの けらいを つれて、
かりから かえって きました。★

★

とのさまは、 おじいさんを よんで、
「では そこの さくらの かれきに、
はなを さかせて みせよ。」
と いいつけました。
おじいさんは、 さっそく ざるを かかえて、
さくらの きに あがり、
はいを つかんで ふりまくと、
みるみる はなが さきはじめて、
いちめん、 さくらの はなざかりに なりました。
「みごと みごと。 あっぱれじゃ。」
とのさまは おおよろこびです。

おたのしみ
あなたなら なんの はなを
さかせて みせる？

『ざしきわらし』

ふるい　ふるい　おおきな　いえには、
こどもの　すがたを　した　かみさま、
「ざしきわらし」が　すんで
いると　いいます。
かみさまは　いたずらずき。
だれも　いない　へやで
ものおとを　たてたり、
こっそり　こどもたちに　まじって、
いっしょに　あそんで　いたり　するそうです。
いえに、しあわせを　もたらす
かみさまとも　いわれて　います。

おたのしみ

ざしきわらしが　する
いたずらを
そうぞうして　みよう。

リズム《りずむ》よく よみましょう

ことばあそび 120

おんどく ① ② ③ ④ ⑤ ⑥ ⑦ ⑧　あんしょう　月《がつ》　日《にち》

「かき」と 「かえる」で はやくちことば

となりの きゃくは
よく かき くう きゃくだ

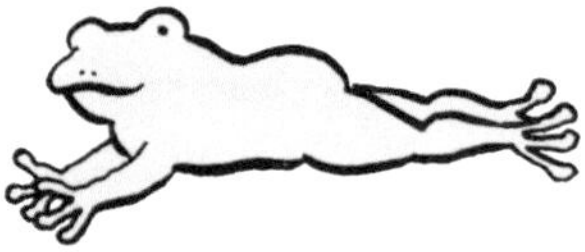

かえる ぴょこ ぴょこ
み ぴょこ ぴょこ
あわせて ぴょこ ぴょこ
む ぴょこ ぴょこ

おたのしみ
かえるは　あわせて
なんびき？

おもしろ
おんどく
3

めいさく オノマトペ《おのまとぺ》

どうわさっかの　みやざわけんじは、
ようすや　うごきを　おとで　あらわす
「オノマトペ《おのまとぺ》」の　たつじん。
あなたなら　どう　あらわす？

グララアガア《ぐららあがあ》
グララアガア《ぐららあがあ》
ぞうの　たいぐんの
なきごえ
ねずみが
こんぺいとうを
たべる　おと
コチ《こち》
コチ《こち》
ばら
ばら
くりの　きが
みを　おとす
おと
どってこ
どってこ
どってこ
きのこの
おんがくたい

ぼか
ぼか

なしが　かわを
ながれて　いく　おと

ドッテテ《どってて》
ドッテテ《どってて》、
ドッテテド《どっててど》

でんしんばしらたちが
こうしんしながら
うたう　うた

ゴーウゴーウ
ゴーウゴーウ

チェロ《ちぇろ》を　ひく　おと

キシキシキシ《きしきしきし》
キシキシッ《きしきしっ》

よだかの
なきごえ

キック《きっく》
キック《きっく》
キック《きっく》

ゆきの　のはらを
あるく　おと

リ《り》ズ《ず》ム《む》よく よみましょう

し・うた **121**

おんどく ① ② ③ ④ ⑤ ⑥ ⑦ ⑧　あんしょう　月《がつ》　日《にち》

『いるか』

＊たにかわ しゅんたろう

いるか いるか
いないか いるか
いない いない いるか
いつなら いるか
よるなら いるか
また きて みるか

いるか いないか
いないか いるか
いる いる いるか
いっぱい いるか
ねて いる いるか
ゆめみて いるか

おたのしみ

「ねて いる いるか」は
どこに いるか？

うたうように よみましょう

おんどく ① ② ③ ④ ⑤ ⑥ ⑦ ⑧　あんしょう　月《がつ》　日《にち》

『てのひらを たいように』

*やなせ たかし

ぼくらは　みんな　いきて　いる
いきて　いるから　うたうんだ
ぼくらは　みんな　いきて　いる
いきて　いるから　かなしいんだ
てのひらを　たいように
すかして　みれば
まっかに　ながれる　ぼくの　ちしお
みみずだって　おけらだって
あめんぼだって
みんな　みんな　いきて　いるんだ
ともだちなんだ

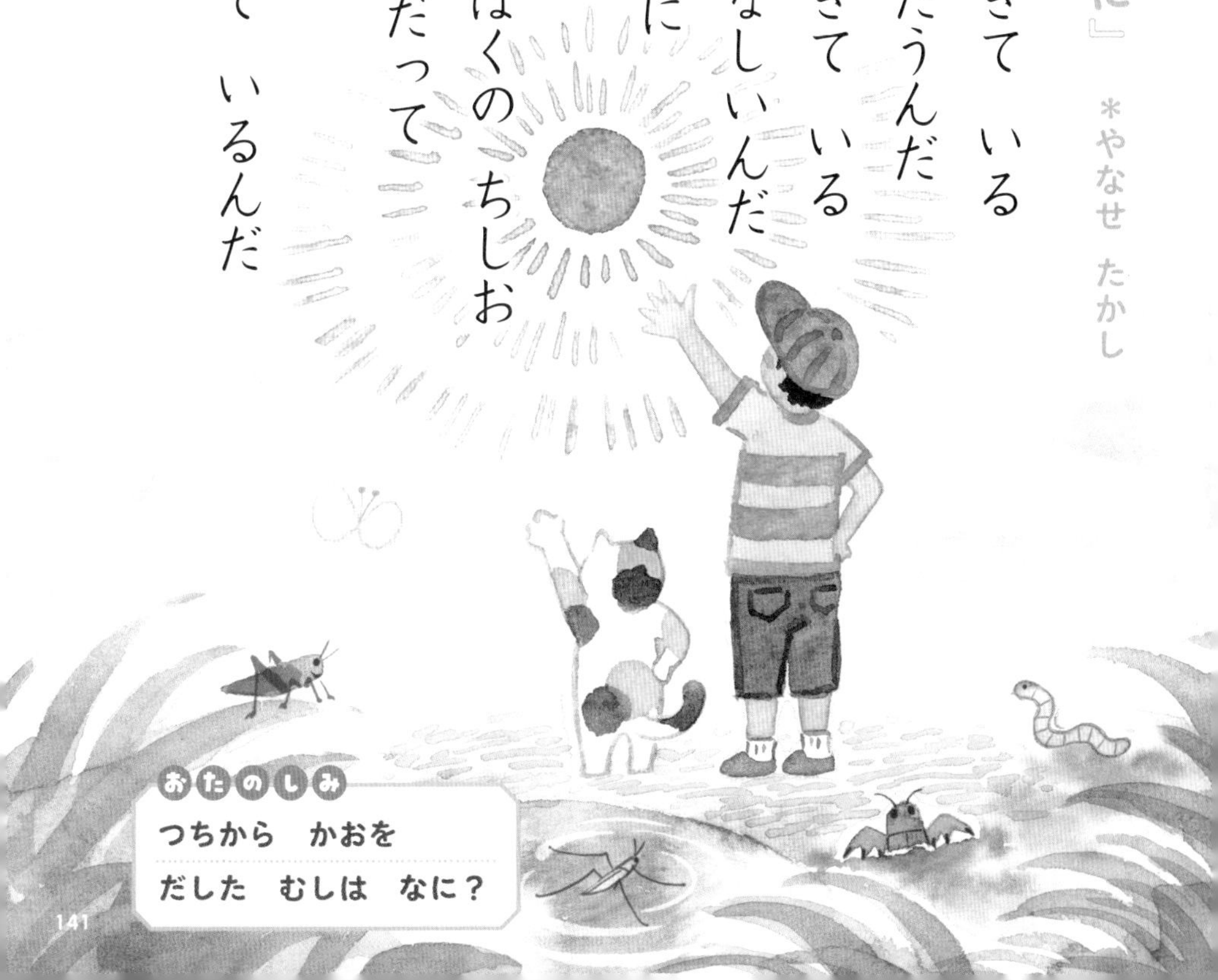

おたのしみ

つちから　かおを
だした　むしは　なに？

はっきりと よみましょう

いいまわし 123

おんどく ①②③④⑤⑥⑦⑧　あんしょう　月《がつ》　日《にち》

けついを あらわす よじじゅくご

ぜんしん
ぜんれい

からだと こころの すべてを かけて。

せいせい どうどう

ただしく りっぱに ひきょうは なしで。

しんけんしょうぶだ！

おたのしみ

うさぎと　かめ、
どちらが　かったかな？

はっきりと よみましょう

いいまわし 124

おんどく ① ② ③ ④ ⑤ ⑥ ⑦ ⑧

あんしょう 月《がつ》 日《にち》

ちょうせんする ときの ことわざ

おもいきって やって みよう

こけつに
いらずんば
こじを えず

あんずるより
うむが やすし

ことばのちしき

「虎穴《こけつ》に入らずんば虎児《こじ》を得ず」…虎の穴に入らなければ虎の子は得られないことから、危険をおかさなければ、成功は得られないことの例え。「案ずるより産むが安し」…実行してみれば案外たやすいことの例え。

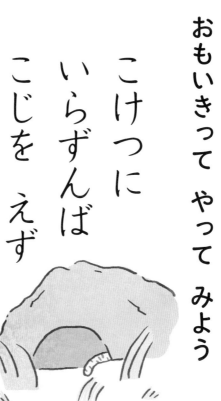

リ《り》ズ《ず》ム《む》よく よみましょう

はいく

125

おんどく ①②③④⑤⑥⑦⑧　あんしょう　月《がつ》　日《にち》

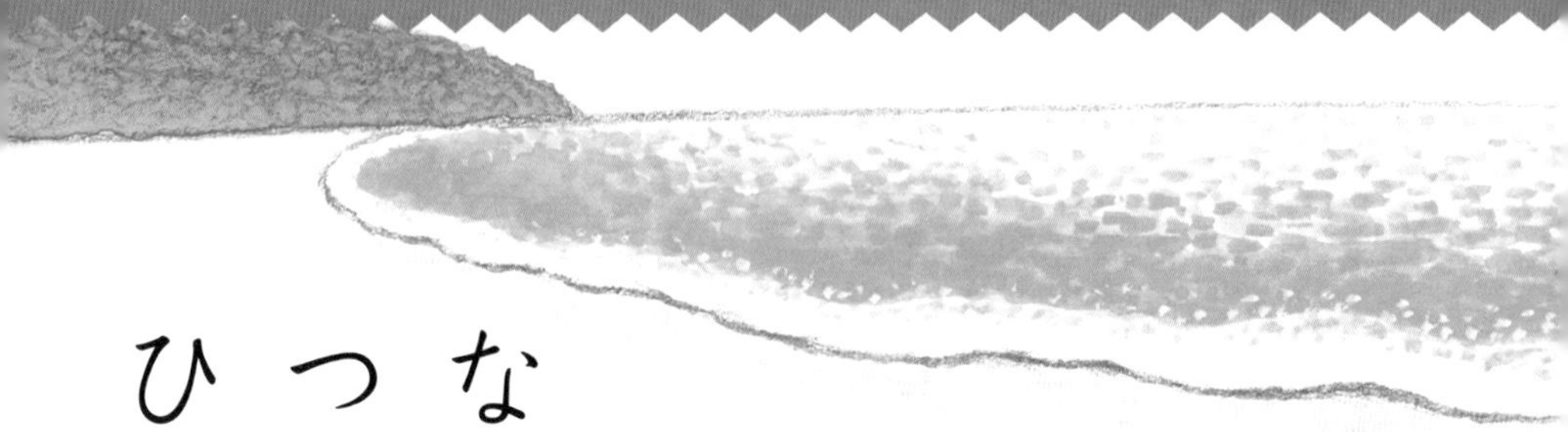

はるの けしきを よんだ はいく

＊よさ ぶそん

はるの うみ
ひねもす のたり
のたりかな

なのはなや
つきは ひがしに
ひは にしに

ことばのちしき

「春の海…」は、ゆったりとした波が「のたりのたり」と寄せては返す、春の海を表現しています。「菜の花や…」は、西に夕日が沈み、東に月が昇る菜の花畑の情景です。

そうぞうして よみましょう

し・うた 126

おんどく ① ② ③ ④ ⑤ ⑥ ⑦ ⑧　あんしょう　月《がつ》　日《にち》

『ふゆげしき』

さぎり　きゆる　みなとえの
ふねに　しろし　あさの　しも
ただ　みずどりの
こえは　して
いまだ　さめず
きしの　いえ

ことばのちしき

「さ霧（狭霧《さぎり》）」とは、霧のこと。「さぎり消ゆる」で、秋の終わりを表します。「港江《みなとえ》」は、港になっている入江のことで、港の朝の情景を歌っています。

『おむすび ころりん』

むかし、おじいさんが やまへ しばかりに いきました。
おひるに なったので、おむすびを たべようと した ときです。
おじいさんは、おむすびを うっかり おとして しまいました。
おむすびは ころころ ころがって いって しまいました。
「こら まて、おむすび。」★

たのしく よみましょう

めいさく 128

おんどく ①②③④⑤⑥⑦⑧　あんしょう　月《がつ》　日《にち》

おじいさんは けんめいに おいかけましたが、
おむすびは どんどん ころがって、
あなの なかへ すとんと
おちて しまいました。
すると あなの なかから
かわいい こえが きこえて きました。

おむすび ころりん すっとんとん

あなから ねずみが いっぴき
でて きて、おじいさんに あたまを さげました。
「おいしい おむすびを ありがとう。おれいを
したいので いっしょに きて ください。」

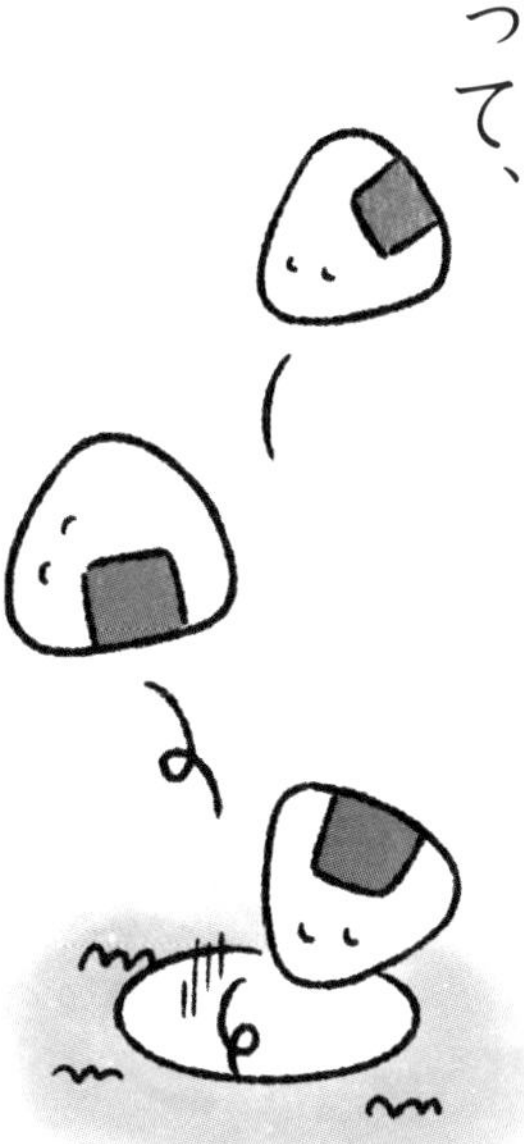

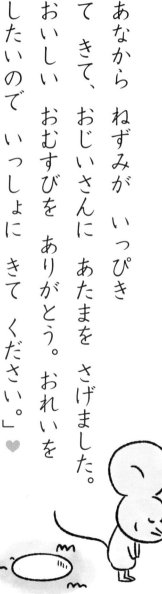

たのしく よみましょう

めいさく 129

おんどく ① ② ③ ④ ⑤ ⑥ ⑦ ⑧　あんしょう　月《がつ》　日《にち》

あなの　なかでは　たくさんの
ねずみたちが、　みんなで　にぎやかに
もちつきを　して　いました。
「ねこの　なきまねだけは
しないで　くださいね。」
ねずみたちが　いいますので、　おじいさんは、
「もちろん、　そんな　ことは　しないよ。」
と　やくそくを　しました。

ねこさえ　ござらにゃ
ねずみの　よのなか　はなざかり
はい　ちゃっぽん　ちゃっぽん

たのしく よみましょう

めいさく 130

おんどく ① ② ③ ④ ⑤ ⑥ ⑦ ⑧　あんしょう　月《がつ》　日《にち》

ねずみたちは、
おもちゃ おいしい ものを
いっぱい ごちそう して くれ、
かえりには
おおきな つづらを
おみやげに くれました。

おじいさんは いえへ かえり、
つづらを あけて みました。
すると、なかから たからものが
たくさん でて きました。

おたのしみ

あなたが すきな
おむすびの なかみは？

『さんびきの こぶた』

ある ところに、おかあさんぶたと、
さんびきの こぶたが くらして いました。
こぶたたちが おおきく なると、
おかあさんぶたは いいました。
「そろそろ、じぶんの いえを たてなさい。」
そこで、いちばん うえの おにいさんは、
わらを あつめて、
ささっと いえを つくりました。
にばんめの おにいさんも、
えだを つかって、
あっと いうまに いえを つくりました。

★

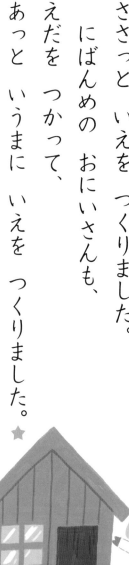

たのしく よみましょう

おんどく ①②③④⑤⑥⑦⑧　あんしょう　月《がつ》　日《にち》

☆

すえっこの こぶたは、
「がんじょうな いえを つくろう。」
と、レンガ《れんが》を つみはじめました。
しかし、なかなか できあがりません。
やっと レンガ《れんが》の
いえが できあがった
ひ、わらの いえに
おおかみが やって きました。
「こぶたくん、なかに いれとくれ。」
いちばんうえの おにいさんは
いいました。
「やなこった！」

♡

おたのしみ

どの いえに
すんで みたい？

たのしく よみましょう

おんどく ①②③④⑤⑥⑦⑧　あんしょう　月《がつ》　日《にち》

「それなら　いいさ。」
おおかみは
ぶおーっ
と、わらの　いえを　ふきとばしました。
いちばん　うえの　おにいさんは、
えだの　いえに　にげこみました。
すると、おおかみは
えだの　いえにも　やって　きて、
いえを　ふきとばして　しまいました。
おにいさんたちは、できたばかりの
レンガ《れんが》の　いえに　にげこみました。

おおかみが めいっぱい いきを ふきかけても、
レンガ《れんが》の いえは びくとも しません。
「いいさ、それなら えんとつから はいって やる！」
すえっこの こぶたは、だんろに なべを かけ、
ひを おこしました。
おおかみが えんとつから おりて くると、
こぶたは さっと、なべの ふたを とりました。

じゅっぽん！

「あちっ、あちちちち！」
おおかみは あわてて、
もりへ とんで かえって いきました。

こころを こめて よみましょう

おんどく ①②③④⑤⑥⑦⑧　あんしょう　月《がつ》　日《にち》

『やまの　あなた』

＊ブッセ《ぶっせ》（やく／うえだ　びん）

やまの　あなたの　そら　とおく
「さいわい」すむと
ひとの　いう。
ああ、われ　ひとと　とめ　ゆきて、
なみだ　さしぐみ、かえり　きぬ。
やまの　あなたに　なお　とおく
「さいわい」すむと
ひとの　いう。

ことばのちしき

意味は、「山の彼方に“幸せの場所”があると聞いて探しに行ったが、見つからず涙ぐんで帰って来た。山のずっと彼方に、“幸せ”があると、人々は言う」。

うたうように よみましょう

たんか 136

おんどく ① ② ③ ④ ⑤ ⑥ ⑦ ⑧　あんしょう　月《がつ》　日《にち》

どうぶつを よんだ たんか

あしびきの
やまどりの おの
しだりおの
ながながし よを
ひとりかもねん

＊かきのもとの ひとまろ

おくやまに
もみじ ふみわけ
なく しかの
こえ きく ときぞ
あきは かなしき

＊さるまるたいふ

ことばのちしき

「あしびきの」…山鳥の長く垂れた尾のように長い長い夜を、一人寂しく寝るのだろうか。「おくやまに」…奥深い山の中で、紅葉を踏みわけて鳴く鹿の声が聞こえる。秋の寂しさがますます身に染みる。

『こぞうさんの おきょう』

＊にいみ なんきち

やまでらの おしょうさんが
びょうきに なりましたので、
かわりに こぞうさんが
だんかへ おきょうを よみに いきました。
おきょうを わすれないように、
こぞうさんは みちみち よんで いきました。
キミョ《きみょ》 ムリョ《むりょ》 ジュノ《じゅの》 ライ《らい》
すると なたねばたけの なかに うさぎが いて、
「こぼうず あおぼうず。」
と よびました。

★

たのしく よみましょう

めいさく 138

おんどく ①②③④⑤⑥⑦⑧　あんしょう　月《がつ》　日《にち》

「なんだい。」
「あそんで おいきよ。」
そこで、こぞうさんは うさぎと あそびました。
しばらく すると、
「やっ しまった。おきょうを わすれちゃった。」
と こぞうさんが さけびました。
すると うさぎは、
「そんなら おきょうの かわりに、
むこうの ほそみち
ぼたんが さいた
と おうたいよ。」
と おしえました。

たのしく よみましょう

おんどく ①②③④⑤⑥⑦⑧　あんしょう　月《がつ》　日《にち》

こぞうさんは だんかへ いきました。
そして、うさぎの おしえて くれたように、
ほとけさまの まえで、

むこうの ほそみち ぼたんが さいた
さいた さいた ぼたんが さいた

と かわいい こえで うたいました。
きいて いた ひとびとは
びっくりして めを ぱちくりさせました。
それから くすくす わらいだしました。
こんな かわいい おきょうは
きいた ことが ありません。

そこで、ごほうじが すむと、
だんかの ごしゅじんは すました かおで、
「はい、ごくろうさま。」
と、おまんじゅうを
こぞうさんに
あげました。
「ごちそうさま。」
と こぞうさんは おまんじゅうを
いただいて たもとに いれました。
こぞうさんは、かえりに その おまんじゅうを、
さっきの うさぎに わけて やる
ことを わすれませんでした。

おたのしみ

ごほうびが
もらえたのは
どうして？

そうぞうして よみましょう

し・うた 141

おんどく ① ② ③ ④ ⑤ ⑥ ⑦ ⑧

あんしょう 月《がつ》 日《にち》

『なめくじの うた』

＊むろう さいせい

あめさえ ふれば なめくじの さんぽです。
なにが たのしいのか
にんげんにも こわがらずに
へいきに なめくじは あるいて います。
よく みて いたら
なめくじは こけを たべて いる、
こけは おいしいのか
あめさえ ふれば なめくじの さんぽです。
なるべく ひあたりの わるい ところを
がくしゃのような かおを して さんぽです。
さんぽしながら ほんを よむのでしょう。

おたのしみ

なめくじの すきな たべものは？

そうぞうして よみましょう

おんどく ① ② ③ ④ ⑤ ⑥ ⑦ ⑧　あんしょう 月《がつ》 日《にち》

『ばったの うた』

＊むろう さいせい

ばったは
あっちに とびつき こっちに かけだし
どこへ いっても きげんが いいし
おおいそが いい、
こんにちは
ばったですが ごようは ありませんか、
ばったさんなら
うらへ まわって おにわの おそうじを して
あとで うたを ひとつ うたって ください、
こめつきばったの うたを わすれずに
うたって ください。

おたのしみ

ばったは なんの うたを
うたって いるのかな？

『ねずみの よめいり』

ある ところに、 ねずみの ふうふが いました。
ふうふには たいせつに そだてて いる
むすめが います。
「むすめも およめに いく としごろだ。
でも、 ねずみの よめに するには もったいない。
どこかに りっぱな おむこさんは いないかな。」
ふうふは かんがえました。
「そうだ、 おひさまが いい。
おひさまは いつも、
あたりを あかるく てらして くれる
りっぱな かただ。」
★

たのしく よみましょう

めいさく 144

おんどく ① ② ③ ④ ⑤ ⑥ ⑦ ⑧　　あんしょう　月《がつ》　日《にち》

ふうふは　さっそく、
おひさまに　おねがいしました。
「どうか、
むすめの　おむこさんに
なって　ください。」
すると、おひさまは　こたえました。
「わたしより
りっぱな　かたが　いますよ。
それは　くもです。
くもが　でると、
わたしの　ひかりは
さえぎられて　しまいますから。」

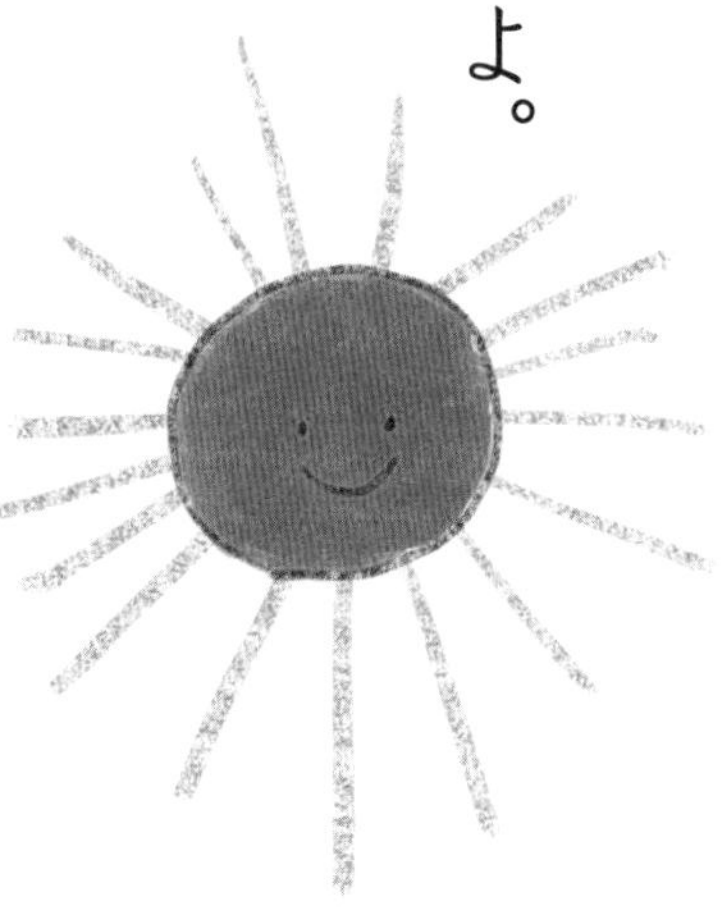

おたのしみ

おひさまに　なりきって
よんで　みよう。

そこで ふうふは、くもに おねがいしました。
すると、くもが こたえました。
「わたしより りっぱな かたが いますよ。
それは かぜです。かぜが ふくと、
わたしは ながされて しまいますからね。」
ふうふは こんどは かぜに おねがいしました。
すると、かぜが いうのです。
「わたしより、かべの ほうが りっぱです。
わたしが いくら ふいたって、
かべは びくとも しませんからね。」
「なるほど。
では かべに おねがいして みます。」

おんどく ①②③④⑤⑥⑦⑧　あんしょう　月《がつ》　日《にち》

すると、かべは いいました。
「たしかに わたしは かぜに つよい。
でも、わたしの からだを カリカリ《かりかり》 かじって
あなを あける ねずみの ほうが、
りっぱだと おもいます。」
「なんだ。ねずみが いちばん りっぱだったのか。」
ふうふは わかものの ねずみを みつけて いいました。
「どうか、むすめの おむこさんに
なって もらえませんか?」
「ええ、よろこんで。」
むすめと わかものの ねずみは
けっこんして、しあわせに なりました。

ゆっくりと よみましょう

おんどく ①②③④⑤⑥⑦⑧　あんしょう 月《がつ》 日《にち》

『ろんご』①

＊こうし

ふるきを たずねて
あたらしきを しる

むかしの ことから まなび、
あたらしい かんがえかたを
みつけよう。

ことばのちしき

「論語」は、古代中国の思想家・孔子の言葉を記録したもので、「人はどう生きるべきか」が、具体的に書かれています。

ゆっくりと よみましょう

めいげん 148

おんどく ① ② ③ ④ ⑤ ⑥ ⑦ ⑧　あんしょう　月《がつ》　日《にち》

『ろんご』②

＊こうし

ぎを みて せざるは
ゆう なき なり

しらない ふりを せず、
ゆうきを もって
こうどうしよう。

おたのしみ

「せいぎ」って なに？
かんがえて みよう。

うたうように よみましょう

たんか 149

おんどく ① ② ③ ④ ⑤ ⑥ ⑦ ⑧　あんしょう　月《がつ》　日《にち》

さくらの はなを よんだ たんか

はなの いろは
うつりにけりな
いたずらに
わがみ よに ふる
ながめせし まに

＊おのの こまち

ひさかたの
ひかり のどけき
はるの ひに
しずごころ なく
はなの ちるらん

＊きの とものり

ことばのちしき

「はなのいろは」…桜の花は、色あせてしまった。長雨《ながあめ》が降り続くうらに。私の容姿も衰えてしまった。むなしく世の中を過ごして、もの思いにふけるうちに。「ひさかたの」…日の光がのどかな春の日に、どうして慌ただしく桜の花は散るのでしょう。

うたうように よみましょう

し・うた 150

おんどく ① ② ③ ④ ⑤ ⑥ ⑦ ⑧　　あんしょう　月《がつ》　日《にち》

『ずいずい ずっころばし』

ずいずい ずっころばし
ごまみそ ずい
ちゃつぼに おわれて とっぴんしゃん
ぬけたら どんどこしょ
たわらの ねずみが
こめ くって ちゅー
ちゅー ちゅー ちゅー
おっとさんが よんでも
おっかさんが よんでも
いきっこ なしよ
いどの まわりで
おちゃわん かいたの だれ

ことばのちしき

昔ながらの遊び歌です。指を輪にしてつくった茶つぼを、人差し指で順番に突きながら歌います。歌の終わりに当たった人が次の鬼。親子で遊んでみましょう。

おんどく ①②③④⑤⑥⑦⑧　あんしょう　月《がつ》　日《にち》

『この はし わたるべからず』

こぞうの いっきゅうさんが
はしを わたろうと すると、
はしの そばに こんな
たてふだが たって いました。
「この はし わたるべからず。」
はしの もちぬしの いたずらです。
ところが、いっきゅうさんは
どうどうと はしを わたりました。
そして りゆうを きかれると、
こう こたえました。
「はしは とおらずに、 まんなかを とおりました。」

おたのしみ
いっきゅうさんが はしを わたれたのは なぜ？

リズム《りずむ》よく　よみましょう

ことばあそび 152

おんどく ①②③④⑤⑥⑦⑧　あんしょう　月《がつ》　日《にち》

『じゅげむ』

じゅげむ　じゅげむ　ごこうの　すりきれ
かいじゃりすいぎょの　すいぎょうまつ
うんらいまつ　ふうらいまつ
くう　ねる　ところに　すむ　ところ
やぶらこうじの　ぶらこうじ
ぱいぽ　ぱいぽ
ぱいぽの　しゅーりんがん
しゅーりんがんの　ぐーりんだい
ぐーりんだいの
ぽんぽこぴーの　ぽんぽこなの
ちょうきゅうめいの　ちょうすけ

ことばのちしき

落語「寿限無《じゅげむ》」で、夫婦が赤ん坊につけた名前です。「寿限無」から「長助《ちょうすけ》」までが一つの名前。「寿限《ことぶきかぎ》り無《な》し」という意味の「寿限無」をはじめ、縁起のいい言葉を連ねたおめでたい名前です。

おたのしみ

すらすら　いえるように
れんしゅうして　みよう。

かんがえながら よみましょう

めいさく 153

おんどく ① ② ③ ④ ⑤ ⑥ ⑦ ⑧

あんしょう 月《がつ》 日《にち》

『きつねと ぶどう』

ある ひ、おなかを すかせた
きつねが もりの なかを
あるいて いました。
「ああ、おなかが すいたなあ。
のども からからだ。
どこかに たべる ものは ないかなあ。」
きつねが きょろきょろして いると、
ぶどうばたけが みえました。
むらさきいろの つやつやと した、
ぶどうの ふさが、
たくさん たれさがって います。

★

かんがえながら よみましょう

めいさく 154

おんどく ① ② ③ ④ ⑤ ⑥ ⑦ ⑧　あんしょう　月《がつ》　日《にち》

「うわーっ、おいしそうだな。」
きつねは うれしく なって かけよると、
ぶどうの ふさに、とびつきました。
「あれ？ とどかないよ。」
きつねは また、とびつきましたが、
あと ちょっとで てが とどきません。
「あーあ、なんてこった。」
あと ちょっとで とどくと いうのに、
ぶどうは どうしても とれません。
ぶどうの あま〜い においが、
あたりに ただよって います。

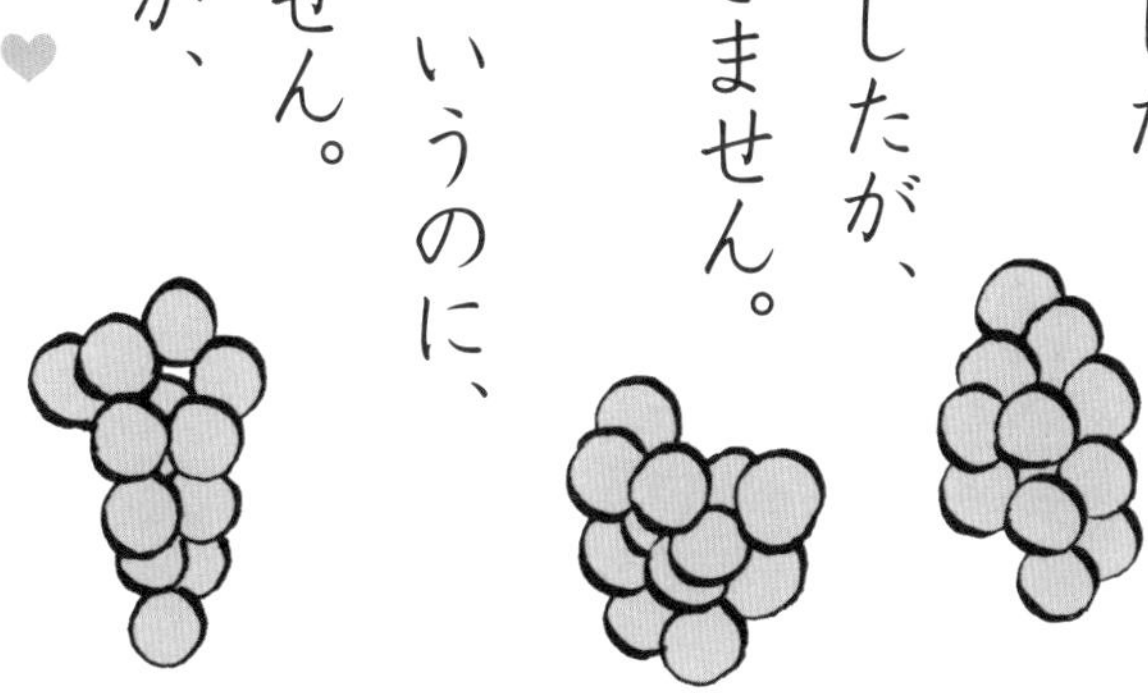

おたのしみ

ぶどうを とる ほうほうを
かんがえて みよう。

きつねは　くやしく　なって　いいました。
「ふん！　こんな　ぶどう、
だれが　たべて　やるもんか。
きっと、すっぱくて、
まずいに　きまってる。」
でも、こころの　なかでは、
（きっと、あまくて、おいしいぞ。
とれなくって　ざんねんだな。）
と、おもって　いたのです。
きつねは　もう　いちど、ぶどうを　みあげると、
「ふん、こんな　まずそうな　ぶどう、いるもんか。」
すてぜりふを　いって、たちさりました。

おたのしみ
きつねが　「まずそう」と
いったのは　どうして？

はっきりと よみましょう

ちしき 156

おんどく ① ② ③ ④ ⑤ ⑥ ⑦ ⑧　あんしょう　月《がつ》　日《にち》

かずの たんい

いち じゅう ひゃく せん まん
おく ちょう けい がい
じょ じょう こう かん
せい さい ごく
ごうがしゃ あそうぎ
なゆた ふかしぎ
むりょうたいすう

どこまでも
どこまでも
おおきくなる
かず

おたのしみ

「まん」を　すうじで
かいて　みよう。

『うそつきな ひつじかい』

むらはずれの おかの うえで
ひつじの ばんを して いた
ひつじかいの おとこの こが
「たいへんだ。おおかみが きたぞ〜。」
と おおごえで さけびました。
むらの おとなは その こえを
きくと、すぐに てっぽうや
ぼうを もって かけつけました。
おおかみに おそわれたら、
ひつじが みんな
たべられて しまうからです。

★

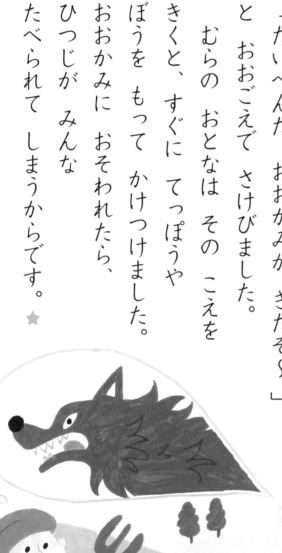

でも これは、まっかな うそでした。
おとこの こは おとなたちが
あわてるのを みて、
たのしんで いたのです。
みんなが おおかみは どこだと
きくと、おとこの こは すまして、
「にげて いったよ。みんなが きたから
びっくりしたんだろうね。」
と こたえます。
はじめは だまされて いた おとなたちも、
なんども こんな ことが つづくと、
おとこの この うそに きづきました。

おとこの こが うそつきだと わかると、
「おおかみが きたぞ〜。」
という こえが きこえても、
だれも たすけに
いかなく なりました。
ところが あるひ、 おとこの こが
ひつじに くさを たべさせて いると、
ほんとうに おおかみが
あらわれたのです。
「たいへんだ。 おおかみだ。
おおかみが きた。
たすけて！ たすけて！」

♧

おとこの こは むらの ほうに むかって、
こえを からして さけびました。
「ほんとうなんだ。
ほんとうに おおかみが きたんだ。
だれか たすけて！」
けれど おとこの こが
なんど さけんでも、
「どうせ また あのこの うそだよ。」
と、だれ ひとり きて くれません。
おとこの この まえで、
とうとう おおかみは ひつじを
ぜんぶ たいらげて しまいました。

おたのしみ

むらの ひとが たすけに
こないのは、どうして？

こころを こめて よみましょう

おんどく ① ② ③ ④ ⑤ ⑥ ⑦ ⑧　あんしょう 月《がつ》 日《にち》

『こだまでしょうか』

＊かねこ みすず

「あそぼう」って いうと
「あそぼう」って いう。

「ばか」って いうと
「ばか」って いう。

「もう あそばない」って いうと
「あそばない」って いう。

そうして、あとで さみしく なって、
「ごめんね」って いうと
「ごめんね」って いう。

こだまでしょうか、いいえ、だれでも。

おたのしみ

いわれて うれしい こと、
ともだちにも いって あげよう。

はっきりと よみましょう

いいまわし 162

おんどく ①②③④⑤⑥⑦⑧　あんしょう　月《がつ》　日《にち》

きずなを　あらわす　よじじゅくご

ぼくと　きみとの　きずなは　つよい

いっしん　どうたい

こころを　ひとつに　する。

いしん　でんしん

こころと　こころで　つたえ　あう。

いちれん　たくしょう

うんめいを　ともに　する。

ここん　むそう

むかしも　いまも　ならぶ　ものは　いない。

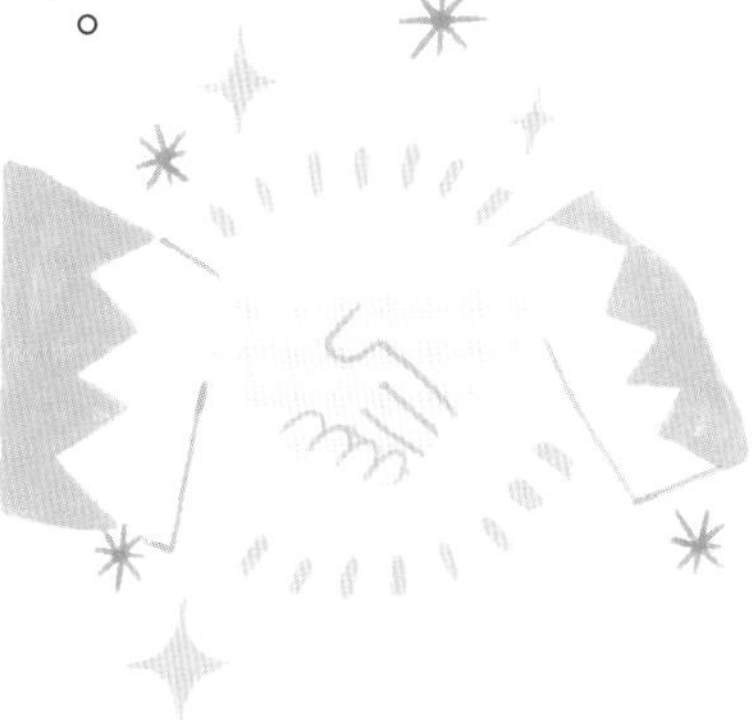

おたのしみ

どの　ことばが

きにいったかな？

『あさの リレー《りれえ》』

＊たにかわ しゅんたろう

カムチャッカ《かむちゃっか》の わかものが
きりんの ゆめを みて いる とき
メキシコ《めきしこ》の むすめは
あさもやの なかで バス《ばす》を まって いる
ニューヨーク《にゅうよおく》の しょうじょが
ほほえみながら ねがえりを うつ とき
ローマ《ろおま》の しょうねんは
ちゅうとうを そめる
あさひに ウインク《ういんく》する
この ちきゅうでは いつも
どこかで あさが はじまって いる

ぼくらは
あさを リレー《りれえ》するのだ
けいどから けいどへと
そうして いわば こうたいで
ちきゅうを まもる
ねむる まえの ひととき
みみを すますと
どこか とおくで
めざましどけいの ベル《べる》が なってる
それは あなたの おくった あさを
だれかが しっかりと
うけとめた しょうこなのだ

おたのしみ
にほんが よるの
とき、ブラジル《ぶらじる》は
あさを むかえるよ。

たのしく よみましょう

めいさく 165

おんどく ① ② ③ ④ ⑤ ⑥ ⑦ ⑧　あんしょう　月《がつ》　日《にち》

『とうめい にんげん』

＊ハーバード《はあばあど》・ジョージ《じょおじ》・ウエルズ《うえるず》
（やく／うんの じゅうぞう）

かいぶつ！
そうだ、かいぶつに　ちがいない。
かいぶつで　なくて、なんだろう？
かがくが　はったつした、
いまの　よのなかに、
すがたが　みえない
にんげんが　いるなんて、
これは、たしかに　へんだ。
しかし、それは、
ほんとうの　はなしだった。

ことばのちしき

イギリスの作家・ウエルズによるＳＦ小説です。科学者が自ら開発した薬で透明になり、数々の事件を巻き起こす様子を描きます。ウエルズは、「ＳＦの古典」とも呼ばれる作品を数多く発表しました。

たのしく よみましょう

めいさく 166

おんどく ①②③④⑤⑥⑦⑧　あんしょう　月《がつ》　日《にち》

かいぶつは はじめに、ものさびしい いなかに あらわれた。それから まもなく、あちこちの まちにも しゅつぼつするように なったのである。

たいへんな さわぎに なった ことは、いうまでも ない。

その かいぶつの すがたは、まるっきり みえないのである。すきとおって いて、ガラス《がらす》、いや くうきのように とうめいなのだ。

おたのしみ

とうめいに　なれたら
なにを　して　みたい？

『ぎんがてつどうの よる』①

＊みやざわ けんじ

どこかで、ぎんがステーション《すてえしょん》、
ぎんがステーション《すてえしょん》と いう こえが
したと おもうと いきなり めの まえが、
ぱっと あかるく なって、
まるで おくまんの ほたるいかの ひを
そらじゅうに しずめたと いう ぐあい、
また こんごうせきを、だれかが いきなり
ひっくりかえして、ばらまいたと いうふうに、
めの まえが さあっと あかるく なって、
ジョバンニ《じょばんに》は、おもわず なんべんも
めを こすって しまいました。

そうぞうして　よみましょう

めいさく 168

おんどく ①②③④⑤⑥⑦⑧　　あんしょう　月《がつ》　日《にち》

きがついて　みると、
さっきから、
ごとごと　ごとごと、
ジョバンニ《じょばんに》の　のって　いる
ちいさな　れっしゃが
はしり　つづけて　いたのでした。
ほんとうに　ジョバンニ《じょばんに》は、
よるの　てつどうの、
ちいさな　きいろの　でんとうの
ならんだ　しゃしつに、
まどから　そとを　みながら
すわって　いたのです。

おたのしみ

れっしゃは
どこを　はしって
いるのかな？

そうぞうして よみましょう

おんどく ① ② ③ ④ ⑤ ⑥ ⑦ ⑧　あんしょう　月《がつ》　日《にち》

しゃしつの なかは、
あおい びろうどを はった
こしかけが、 まるで がらあきで、
むこうの ねずみいろの かべには、
しんちゅうの おおきな ぼたんが
ふたつ ひかって いるのでした。
　すぐ まえの せきに、
ぬれたように まっくろな
うわぎを きた、
せいの たかい こどもが、
まどから あたまを だして
そとを みて いるのに きがつきました。

そうぞうして よみましょう

めいさく 170

おんどく ① ② ③ ④ ⑤ ⑥ ⑦ ⑧　あんしょう　月《がつ》　日《にち》

そして その こどもの かたの あたりが、
どうも みた ことの あるような
きが して、そう おもうと、
もう どうしても
だれだか わかりたくて、
たまらなく なりました。
いきなり こっちも まどから
かおを だそうと した とき、
にわかに その こどもが
あたまを ひっこめて、
こっちを みました。
それは カ《か》ム《む》パ《ぱ》ネ《ね》ル《る》ラ《ら》だったのです。

おたのしみ

ふたりは
これから どこに
いくのかな？

『きの まつり』

＊にいみ なんきち

なんて たのしい
おまつりでしょう。
ちょうちょうたちは
きの まわりを
おおきな ぼたんゆきのように
とびまわって、 つかれると
しろい はなに とまり、
おいしい みつを おなか いっぱい
ごちそうに なるので ありました。
けれど ひかりが うすく なって
ゆうがたに なって しまいました。

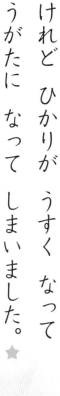

するとほたるは おがわの ふちへ
とんで いって、じぶんの なかまを
どっさり つれて きました。
ひとつひとつの ほたるが
ひとつひとつの はなの なかに
とまりました。
まるで ちいさい ちょうちんが
きに いっぱい ともされた
ような ぐあいでした。
　そこで ちょうちょうたちは
たいへん よろこんで
よる おそくまで あそびました。

こころを こめて よみましょう

し・うた 173

おんどく ①②③④⑤⑥⑦⑧　あんしょう　月《がつ》　日《にち》

『からたちの はな』

＊きたはら はくしゅう

からたちの はなが さいたよ
しろい しろい はなが さいたよ
からたちの とげは いたいよ
あおい あおい はりの とげだよ
からたちも あきは みのるよ
まろい まろい きんの たまだよ
からたちの そばで ないたよ
みんな みんな やさしかったよ
からたちの はなが さいたよ
しろい しろい はなが さいたよ

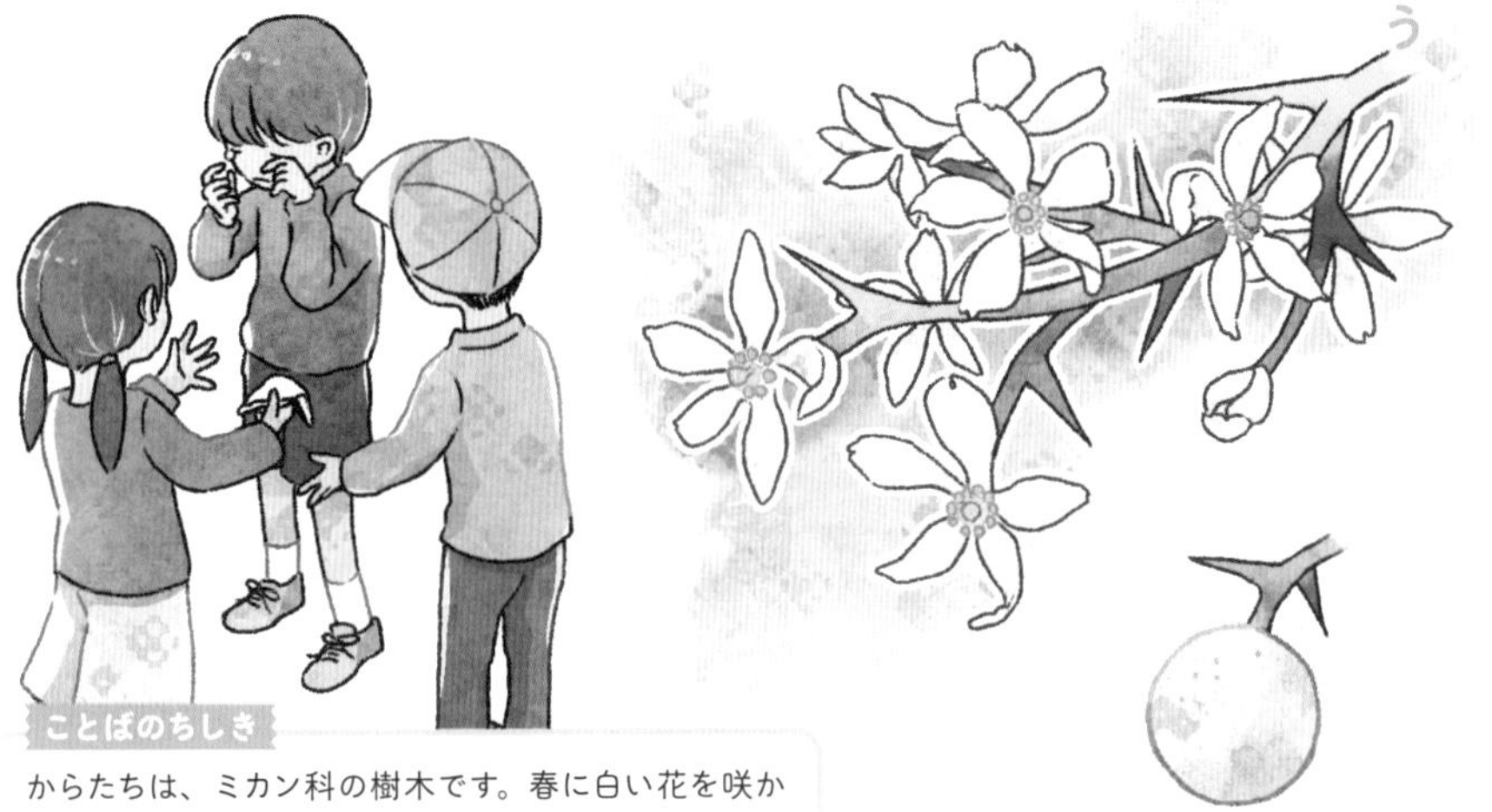

ことばのちしき

からたちは、ミカン科の樹木です。春に白い花を咲かせ、甘い香りを漂わせます。枝には鋭いとげがあります。秋には丸い実がなりますが、食用には向きません。

うたうように よみましょう

おんどく ① ② ③ ④ ⑤ ⑥ ⑦ ⑧　あんしょう　月《がつ》　日《にち》

『ゆき』

ゆきや　こんこ　あられや　こんこ
ふっては　ふっては
ずんずん　つもる
やまも　のはらも　わたぼうし　かぶり、
かれき　のこらず　はなが　さく

ゆきや　こんこ　あられや　こんこ
ふっても　ふっても
まだ　ふりやまぬ
いぬは　よろこび　にわ　かけまわり、
ねこは　こたつで　まるく　なる

おたのしみ

かれきに　さいた
はなは　なにいろ？

『ねずみの　かいぎ』

ある　いえの　やねうらで、
この　いえに　すむ　ねずみが　おおぜい
あつまって、そうだんを　して　いました。
ちょうろうの　ねずみが
おもおもしく　くちを　ひらきました。
「この　いえは、たべものは　うまくて　よいが、
あの、らんぼうな　ねこが　おるのは、
まことに　こまった　ものじゃのう。」
ねずみたちは、ためいきを　つきました。
「ねこが　きたら、すぐに　わかる
ほうほうが　あればのう……。」

ちょうろうねずみは しばらく
かんがえて いましたが、
ぽんと ひざを うちました。
「ねこの くびに、すずを つけては どうか。
うごく たびに リンリン《りんりん》と なれば、あいつが
どこに いるか、すぐに わかるじゃろう。」
ほかの ねずみたちは みんな かんしんしました。
「なるほど、すばらしい かんがえですね。
さすが ちょうろうさま。」
みんなは はくしゅを して、
ちょうろうねずみを ほめたたえました。
「いい ほうほうが みつかって よかった。」

たのしく よみましょう

めいさく 177

おんどく ① ② ③ ④ ⑤ ⑥ ⑦ ⑧　あんしょう　月《がつ》　日《にち》

すると　いちばん
ちいさな　こねずみが、
ふしぎそうに　ききました。
「でも、その　すずを
つけに　いくのは　だれなの？」
こねずみの　その　ことばを
きいた　とたん、
ねずみたちは　みんな、いっせいに
おしだまって　しまいました。
ちょうろうねずみは、
「うーむ　うーむ。」
と、うなるばかりでした。

おたのしみ

ねずみたちは、どうして
だまって　しまったのかな？

はっきりと よみましょう

いいまわし 178

おんどく ① ② ③ ④ ⑤ ⑥ ⑦ ⑧　あんしょう　月《がつ》　日《にち》

ピンチ《ぴんち》の ときの よじじゅくご

ねこに にらまれ
ぜったい ぜつめい
むが むちゅうで
にげきった
ところが どっこい
ゆだん たいてき
きき いっぱつ

ことばのちしき

「絶体絶命」…困難から逃げられない様子。「無我夢中」…我を忘れて熱中する様子。「油断大敵」…油断は失敗のもと、という戒め。「危機一髪」…髪の毛一本ほどのわずかな差で、危険に陥るという瀬戸際《せとぎわ》。

おたのしみ

「きき　いっぱつ」と
かんじた　できごとは？

うたうように よみましょう

し・うた 179

おんどく ① ② ③ ④ ⑤ ⑥ ⑦ ⑧　あんしょう 月《がつ》 日《にち》

『かわいい コック《こっく》さん』

ぼうが いっぽん あったとさ
はっぱ かな
はっぱじゃ ないよ かえるだよ
かえるじゃ ないよ あひるだよ
ろくがつ むいかに
あめ ざあざあ ふって きて
さんかくじょうぎに ひび いって
あんぱん ふたつ まめ みっつ
コッペパン《こっぺぱん》 ふたつ くださいな
あっと いうまに
かわいい コック《こっく》さん

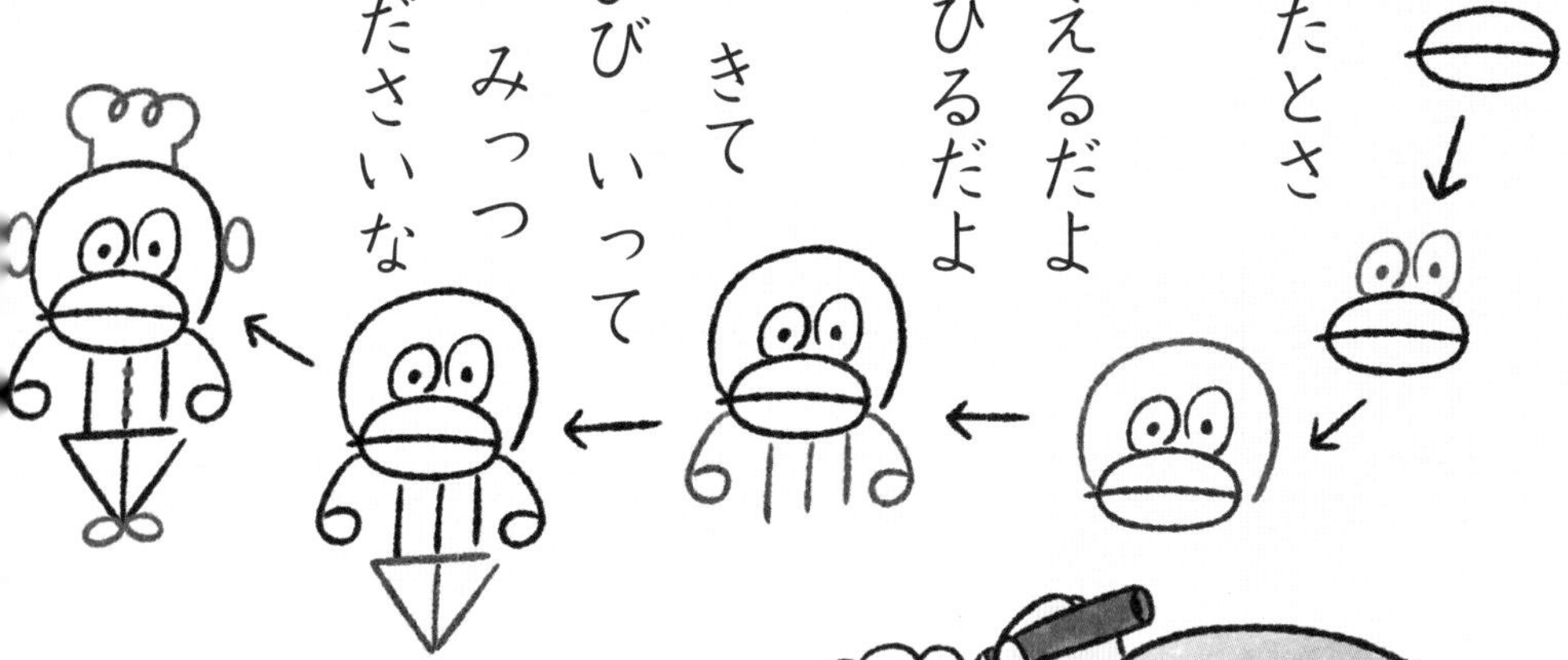

おたのしみ

うたに あわせて
コック《こっく》さんを かこう。

リ《り》ズ《ず》ム《む》よく よみましょう

おんどく ① ② ③ ④ ⑤ ⑥ ⑦ ⑧　あんしょう 月《がつ》 日《にち》

『どきん』

＊たにかわ しゅんたろう

さわって　みようかなあ　つるつる
おして　みようかなあ　ゆらゆら
もすこし　おそうかなあ　ぐらぐら
もいちど　おそうかあ　がらがら
たおれちゃったよなあ　えへへ
いんりょく　かんじるねえ　みしみし
ちきゅうは　まわってるう　ぐいぐい
かぜも　ふいてるよお　そよそよ
あるき　はじめるかあ　ひたひた
だれかが　ふりむいた！　どきん

おたのしみ

ふりむいた 「だれか」は、
だれだったと　おもう？

おたのしみ
クイズ《くいず》 2

ことわざ いみつなぎ

えを ヒント《ひんと》に して、ことわざと、その ただしい いみを せんで つなごう。

❶ えがおで いれば、しぜんと こううんが おとずれる。★

❷ きちょうな ものを あたえられても、その かちが わからない。★

★ 

★ 

こたえ ❶—わらう かどには ふく きたる（29ページ） ❷—ねこに こばん（55ページ）
❸—ちりも つもれば やまと なる（61ページ）

❸

みるだけで なく、
じっさいに
やくに たつ ものの
ほうが いい。

❹

じょうずな ひとにも
しっぱいは ある。

❺

ちいさな ことでも
おろそかに しては
いけない。

★ ★ ★

★ ★ ★

わ らう
かどには
ふく きたる

ち りも
つもれば
やまと なる

は なより
だんご

❸ — はなより だんご（227ページ） ❹ — さるも きから おちる（115ページ）

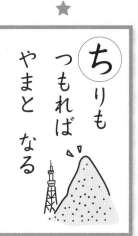

そうぞうして よみましょう

し・うた 181

おんどく ① ② ③ ④ ⑤ ⑥ ⑦ ⑧　あんしょう 月《がつ》 日《にち》

『たいよう』

＊やぎ じゅうきち

たいようを ひとつ
ふところへ いれて いたい
てのひらへ のせて みたり
ころがして みたり
はらが たったら
なげつけたり したい
まるく なって
あかく なって
おちて ゆくのを みて いたら
たいようが ひとつ ほしく なった

おたのしみ

あなたなら たいようを どうして みたい？

はっきりと よみましょう

し・うた 182

おんどく ① ② ③ ④ ⑤ ⑥ ⑦ ⑧　　あんしょう　　月《がつ》　　日《にち》

『ほん』

＊むろう さいせい

ほんを よむなら いまだ
あたらしい ペ《ぺ》ー《え》ジ《じ》を
きりはなつ とき
かみの かふんは においよく たつ
そとの にぎやかな しんりょくまで
ペ《ぺ》ー《え》ジ《じ》に とじこめられて いる ようだ
ほんは うつくしい
しんあいを もって
わたしを かこんで いる

おたのしみ

どんな　ほんを
よむのが　すき？

しぜんの うつくしさを よんだ たんか

くれないの
にしゃく のびたる
ばらの めの
はり やわらかに
はるさめの ふる

＊まさおか しき

やわらかに
やなぎ あおめる
きたかみの
きしべ めに みゆ
なけと ごとくに

＊いしかわ たくぼく

ことばのちしき

「くれないの」…二尺《しゃく》（約 60cm）ほど伸びたバラの赤い新芽、そのやわらかな針に春雨が降っている。「やわらかに」…やわらかな柳の若葉が青く芽吹く、北上川《きたかみがわ》（啄木の故郷、岩手県の川）の岸辺が目に浮かぶ。泣けというように。

そうぞうして よみましょう

し・うた 184

おんどく ① ② ③ ④ ⑤ ⑥ ⑦ ⑧　あんしょう　月《がつ》　日《にち》

『あさがおの つる』

＊かねこ みすず

かきが ひくうて あさがおは、
どこへ すがろと さがしてる。
にしも ひがしも みんな みて、
さがしあぐねて かんがえる。
それでも おひさま こいしゅうて、
きょうも いっすん また のびる。

のびろ、あさがお、
まっすぐに、
なやの ひさしが
もう ちかい。

おたのしみ

なやの ひさしに
ちかい つるは どれ？

『きたかぜと たいよう』

きたかぜと たいようが
いいあらそって いました。
「おれの ほうが つよい。」
「いいえ、わたしの ほうです。」
「それじゃあ、ちからだめしを
しようじゃ ないか。」
きたかぜの ことばに、
たいようが うなずきました。
「では、あの たびびとの
きて いるものを ぬがせた ほうが、
かちと しましょう。」★

さっそく、 きたかぜが おもいっきり、
つめたい かぜを ふきつけました。

ぴゅーっ

たびびとは ぶるっと、 ふるえました。
うわぎの まえを しっかり あわせて、
せなかを まるめます。
きたかぜは もっと つよく ふきつけました。
たびびとの うわぎが ふくらみ、
ズボン《ずぼん》が パタパタ《ぱたぱた》と かぜに あおられました。
「このまま、 いっきに ふくを ふきとばそう。」
きたかぜは ますます つよく、 ふきつけました。

すると、　たびびとが　たちどまりました。
「うー、　さむい、　さむい。」
かばんから　コート《こおと》を　だして　はおると、
しっかりと　まえを　しめました。
きたかぜは、　がっかりしました。
「さて、　こんどは　わたしの　ばんですね。」
たいようは　はじめに、
ぽかぽかと、　やさしい　ひかりを
たびびとに　おくりました。
たびびとは　せなかを　のばして、
たいようを　みあげました。
「ああ、　あたたかく　なったぞ。」

おんどく ① ② ③ ④ ⑤ ⑥ ⑦ ⑧　あんしょう　月《がつ》　日《にち》

たいようは もっと、
あたたかい ひかりを おくりました。
たびびとが コート《こおと》の ボタン《ぼたん》を はずします。
たいようが もっと もっと ひかりを
おくると、たびびとは たちどまりました。
「ああ、あつい。
もう、コート《こおと》なんか、きて いられない。」
コート《こおと》を ぬいで、カバン《かばん》に しまいました。
たいようは きたかぜに、ほほえみました。
「ほーらね。
なんでも、ちからまかせに やれば、
いいって もんじゃ ないんですよ。」

おたのしみ
たびびとが コート《こおと》を
ぬいだのは どうして？

かんがえながら よみましょう

めいさく 189

おんどく ①②③④⑤⑥⑦⑧　あんしょう　月《がつ》　日《にち》

『まちの　ねずみと　いなかの　ねずみ』

いなかの　ねずみの　ところに、
まちの　ねずみが　やって　きました。
ごちそうして　あげようと、
おおむぎや　きのみを　よういしたのですが、
まちの　ねずみは　ひとくち　たべて
いいました。
「よくもまあ、こんな　まずい　ものを
たべて　いられるねえ。
まちには　おいしいものが　いっぱい
あるんだよ。ぼくと　いっしょに
まちへ　こないかい？」★

かんがえながら よみましょう

めいさく 190

おんどく ① ② ③ ④ ⑤ ⑥ ⑦ ⑧　あんしょう　月《がつ》　日《にち》

そこで、いなかの　ねずみは
まちへ　ついて　いきました。
まちの　ねずみは、
おおきな　いえの　やねうらに
すんで　いました。
あんない　されたのは　だいどころ。
テーブル《てえぶる》の　うえには、
みたことの　ない　ものが
たくさん　ありました。
どれも　いい　においが　します。
「パン《ぱん》に　チーズ《ちいず》、ぶどうに　チョコレート《ちょこれえと》も
あるからね。さあ、どうぞ。」

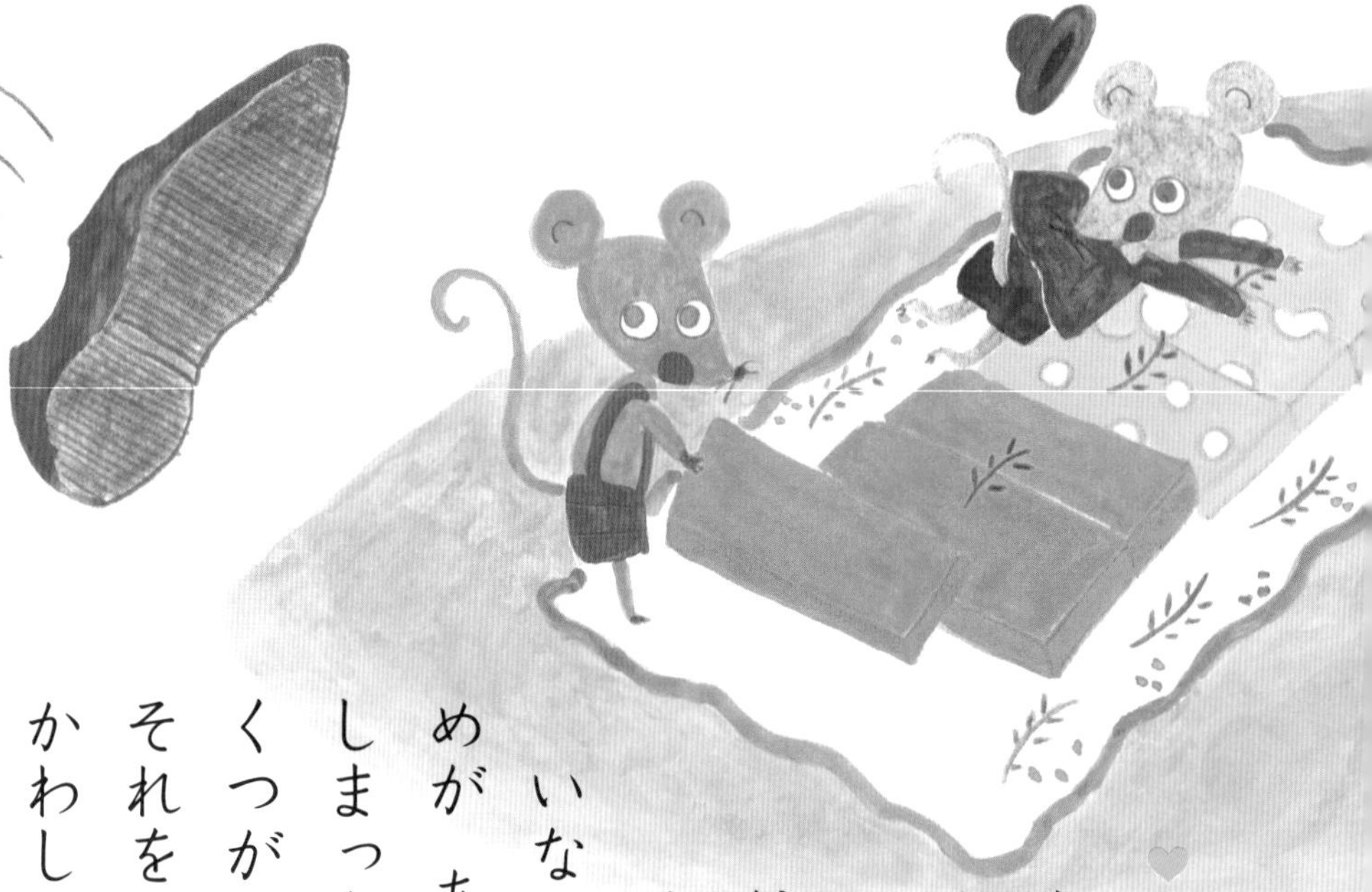

そう いわれて、いなかの
ねずみが チーズ《ちいず》を
かじろうと した ときです。
ぎいっと ドア《どあ》が ひらいて、
だいどころに にんげんが
はいって きました。
いなかの ねずみは にんげんと
めが あって しまいました。
しまったと おもった ときには
くつが とんで きて、
それを ぎりぎりの ところで
かわして にげました。

「たまには
こう いう ことも あるさ。
でも きを つけて いれば、
つかまるような ことは ないから。」
まちの ねずみは へいきな
かおでしたが、 いなかの ねずみは
ド《ど》キ《き》ド《ど》キ《き》して いました。
「ぼくは いなかへ かえるよ。
おいしい ものは なくても、
のんびり くらす ほうが いいから。」
いなかの ねずみは なにも たべずに
さっさと かえって いきました。

おたのしみ

いなかの ねずみが
かえって いったのは
どうして？

『よくばりな いぬ』

あたたかな ある ひの こと。
にくを くわえた いぬが
かわの ほとりを あるいて いました。
「のどが かわいたなあ。みずを のもう。」
いぬは そう おもって、かわの みずに
くちを つけようと しました。
みると、かわの なかから にくを くわえた
いぬが、じっと こちらを みつめて います。
「この いぬ、いったい どこの だれだ。
でも、どこかで あった ことが
あるような きも するなあ。」
★

おたのしみ
かわの なかの
いぬは だれ？

いぬは くびを かしげました。 すると、
かわの なかの いぬも くびを かしげます。
「なんだ、こいつも ぼくの ことを
しって いるのかな?」
いぬは もう いちど、
かわを のぞきこみました。
「あっ、こいつ、ぼくのより
おおきな にくを くわえて いるぞ。」
いぬは うらやましく なりました。
「あの にくは きっと おいしいぞ。
ようし、こいつを おどかして、
あの にくを よこどりして やろう。」

いぬは、かわの なかの いぬに むかって、
ひとつ おおきく ほえました。
ワン《わん》！

その ときです。
いぬの くちから にくが おちて、
かわの なかへ ポチャン《ぽちゃん》！
「あっ、しまった。」
いぬは あわてて、かわの なかの
いぬに ほえたてました。
「ワン《わん》 ワン《わん》！ おい、
おまえの その にくを よこせ。」

ところが、 かわの なかの いぬも
にくを くわえては いません。
かわりに、 あわてた かおで
こちらに むかって ほえたてます。
そうです。
かわの なかの いぬは、 みずに うつった
じぶんの すがただったのです。
「なんて ばかな ことを したんだ。
もう ひとつ にくが ほしいばかりに、
じぶんの にくも なくすなんて。」
いぬは、 にくが ながれて いったほうを
ながめながら、 とぼとぼ あるいて かえりました。

おたのしみ

いぬが にくを
なくしたのは どうして？

『くもの いと』①

＊あくたがわ りゅうのすけ

おしゃかさまは ごくらくの
はすいけの ふちを、
ひとりで ぶらぶら
おあるきに なって
いらっしゃいました。
いけの なかに さいて いる
はすの はなは、みんな たまの ように
まっしろで、その まんなかに ある
きんいろの ずいからは、
なんとも いえない よい においが、
たえまなく あたりへ あふれて おります。

おたのしみ

はすの はなの つぼみは
ぜんぶで いくつ？

『へいけ ものがたり』

ぎおんしょうじゃの かねの こえ、
しょぎょうむじょうの ひびき あり、
さらそうじゅの はなの いろ、
じょうしゃひっすいの
ことわりを あらわす。
おごれる ひとも ひさしからず、
ただ はるの よの
ゆめの ごとし。
たけき ものも ついには ほろびぬ、
ひとえに かぜの まえの
ちりに おなじ。

ことばのちしき

琵琶法師《びわほうし》によって語られた軍記物語『平家物語』の冒頭です。釈迦《しゃか》が弟子たちに教えを説いた「祇園精舎《ぎおんしょうじゃ》」の鐘の音は、すべてのものが変化していくことを知らせます。釈迦が亡くなったときに色あせたという「沙羅双樹《さらそうじゅ》」の花をはじめ、すべて人生の儚さを表しています。

ゆっくりと よみましょう

こてん
199

おんどく ①②③④⑤⑥⑦⑧　あんしょう　月《がつ》　日《にち》

『まくらのそうし』②　＊せいしょうなごん

はるは　あけぼの。
ようよう
しろく　なり　ゆく　やまぎわ、
すこし　あかりて、
むらさきだちたる　くもの
ほそく　たなびきたる。

おたのしみ

あなたは　どんな
あさの　けしきが　すき？

ことばのちしき

意味は、「春は明け方が趣《おもむき》深い。次第に白んでいく山際《やまぎわ》（稜線のあたり）の空が、少し赤みを帯びて、紫がかった雲が細くたなびいているのがいい」。

うたうように よみましょう

たんか 200

おんどく ①②③④⑤⑥⑦⑧　あんしょう　月《がつ》　日《にち》

きせつを よんだ たんか

はる すぎて
なつ きにけらし
しろたえの
ころも ほすちょう
あまの かぐやま

＊じとうてんのう

あきの たの
かりおの いおの
とまを あらみ
わが ころもでは
つゆに ぬれつつ

＊てんじてんのう

ことばのちしき

「はるすぎて」…春が過ぎて、夏が来たらしい。夏に白い衣を干すという天《あま》の香《か》具《ぐ》山《やま》では。「あきのたの」…秋の田のそばに建てた仮の小屋にいると、屋根のわらの編み方が粗いので、夜露がしたたって私の着物の袖はぬれてしまう。

たのしく よみましょう

めいさく 201

おんどく ①②③④⑤⑥⑦⑧　あんしょう　月《がつ》　日《にち》

『あめは どく』

ある おてらに たいそう けちんぼうな おしょうさんが いました。
ある とき、おしょうさんは こぞうさんに ないしょで、かめの なかの みずあめを ぺろぺろ なめて いました。
「ああ、うまいなあ。これは、だれにも わけて やらんぞ。」
そこに やって きたのは、こぞうさんです。
「なにを なめて いるのですか?」
びっくりした おしょうさんは いいました。★

「こ、これは くすりじゃ。
おとなには くすりに なるが、 こどもが なめれば
しんで しまう。 こどもには どくじゃ。」
こぞうさんが いって しまうと、 おしょうさんは
また みずあめを なめはじめました。
「ああ、 おいしい みずあめじゃ。」
それを こっそり きいて いた こぞうさんは、
おしょうさんが でかけた すきに、
みずあめを **ぺろっ!**
「おいしいなあ。」
ひとくち なめては、 また **ぺろっ。**
あまりに おいしくて、 とまりません。

たのしく よみましょう

めいさく 203

おんどく ①②③④⑤⑥⑦⑧　あんしょう　月《がつ》　日《にち》

しばらく　すると、
みずあめは　すっかり
なくなって　しまいました。
「どうしよう、ぜんぶ　なめちゃった。」
おしょうさんに　おこられるに
きまって　います。
「いいことを　おもいついた！」
こぞうさんは、おしょうさんが
だいじに　して　いる　かびんを、
ほうりなげて、わって　しまうと、
たたみに　ねっころがりました。
そこに、おしょうさんが　かえって　きました。

たのしく よみましょう

めいさく 204

おんどく 1 2 3 4 5 6 7 8　あんしょう 月《がつ》 日《にち》

「わしの だいじな かびんを
わったのは、おまえか？」
こぞうさんは しおれた こえで いいました。
「はい、わたくしめに ございます。
しんで おわびを しようと、
かめの なかの どくを なめました。
なめても なめても しにません。
すっかり なめおわりましたので、
こうして しぬのを
まっているので ございます。」
「うーむ。」
おしょうさんは、なんにも いえませんでした。

おたのしみ

こぞうさんが かびんを わった のは、どうして？

はっきりと よみましょう

いいまわし **205**

おんどく ①②③④⑤⑥⑦⑧

あんしょう 月《がつ》 日《にち》

くちの かんようく

おいしいな。

くちに あう

なにも いわない。

くちを つぐむ

なかった ことに する。

くちを ぬぐう

たべたの ぼくです。

くちを わる

おたのしみ

ねずみの ケーキ《けえき》を

たべたのは だれ？

はっきりと よみましょう

いいまわし 206

おんどく ① ② ③ ④ ⑤ ⑥ ⑦ ⑧　あんしょう 月《がつ》 日《にち》

おいしそうな ことわざ

えに かいた もち

たべられないなら いみが ない。

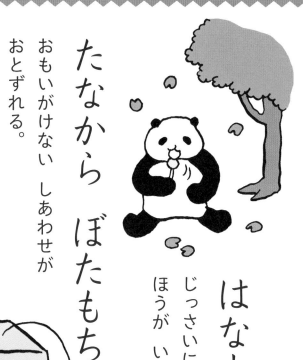

はなより だんご

じっさいに やくに たつ ものの
ほうが いい。

たなから ぼたもち

おもいがけない しあわせが
おとずれる。

おたのしみ

「たなから○○」で
ことばを つくって みよう。

『むじゅん』

むかし、ちゅうごくで　おとこが
やりのような　ぶきの　ほこと、
みを　まもる　ぶきの　たてを
ならべて　うって　いました。
「この　ほこは、どんな　かたい　ものだって
つきとおす　ことが　できるんだよ。
さあさ、かった　かった！」
ほこを　てに　して、つきさす　まねを　しました。
それから、たてを　てに　すると　いいました。
「この　たての　がんじょうな　こと。
どんな　ほこでも　はじいて　みせるぞ。」

それを みて いた ひとりの おきゃくが いいました。
「それなら、その ほこで その たてを
ついたら どうなるんだ？」
「この ほこで この たてを つく？
そりゃ、どんな たてでも
つきとおす ほこだもの……。
あっ、あれれ。
こっちは、どんな ほこでも
はじく たてだし……。」
おとこは すっかり こたえに こまって、
かおを まっかに しながら、
なにも いえなく なって しまいました。

ことばのちしき

矛と盾を売る商人を例に、二つのできごとのつじつまが合わないことを表しています。

『かさじぞう』

むかしむかし、やまの　むらに　たいそう　びんぼうな
じいさまと、ばあさまが　くらして　おった。
あすは　おしょうがつと　いうのに、たべる　ものも　ない。
じいさまは　かさを　こしらえて、ばあさまに　いった。
「かさを　うって、おもちを　かって　くるからのう。」
まちの　いちは　たくさんの　ひとで
にぎわって　おった。
じいさまは、こえを　はりあげた。
「かさやあ、かさは　いらんかね。」
けれども、たちどまる　ひとさえ　いない。
しかたなく、じいさまは　かえる　ことに　した。

こころを こめて よみましょう

めいさく 210

おんどく ① ② ③ ④ ⑤ ⑥ ⑦ ⑧　あんしょう 月《がつ》 日《にち》

しんしん、 ゆきが ふる なかを
じいさまは ひとり、 あるいて いった。
みちばたに、 ゆきを かぶった
おじぞうさまが ならんで おる。
「おじぞうさま、 さむいじゃろう。
この かさを かぶって くだされ。」
じいさまは はしから じゅんばんに、
うりものの かさを かぶせて いった。
ところが、 おじぞうさまは ろくにん、
かさは いつつ。 じいさまは じぶんの
かさを とって、 ろくにんめの
おじぞうさまに かぶせた。

こころを こめて よみましょう

おんどく ① ② ③ ④ ⑤ ⑥ ⑦ ⑧　あんしょう 月《がつ》 日《にち》

うちに かえると、じいさまは ばあさまに はなした。
「さむそうな おじぞうさまが おったので、うれなかった かさを あげてしもうた。」
ばあさまは にっこり ほほえんだ。
「それは、いいことを しなさった。」
その ひの まよなか、どこからか、かけごえが きこえて きた。

よういやさ、よういやさ。
かさを かぶせた じいさまは どこだ。
ずずん、どすん。

おおきな おとが して、ふたりは とびおきた。

こころを こめて よみましょう

めいさく 212

おんどく ①②③④⑤⑥⑦⑧　あんしょう　月《がつ》　日《にち》

よういやさ、 よういやさ。
かさを かぶせた じいさまは どこだ。

とを あければ、 なんと まあ。
こめに おもちに やさいに さかな。
こばんも たっぷり おいて ある。
「あんれ、 おじぞうさまじゃ。」

よういやさ、 よういやさ。

ならんで そりを ひいて いく、
かさを かぶった おじぞうさま。
やがて ゆきに かすんで、
みえなく なって しまったと。

おたのしみ
おじぞうさまの
かけごえは
どんな　ふう？

リズム《りずむ》よく よみましょう

いいまわし 213

おんどく ① ② ③ ④ ⑤ ⑥ ⑦ ⑧　あんしょう　月《がつ》　日《にち》

『ういろううり』①

せっしゃ　おやかたと　もうすは、
おたちあいの　うちに
ごぞんじの　おかたも　ござりましょうが、
おえどを　たって　にじゅうり　かみがた、
そうしゅう　おだわら　いっしきまちを
おすぎ　なされて
あおものちょうを
のぼりへ　おいで　なさるれば、
らんかんばし　とらや　とらえもん、
ただいまは　ていはついたして
えんさいと　なのりまする。

おたのしみ

さいしょから　さいごまで
すらすら　いえるかな？

ことばのちしき

歌舞伎十八番の一つ「外郎売《ういろううり》」の冒頭です。「外郎」は、飲むと口が回り出して止まらなくなるという丸薬《がんやく》。売り子の長口上《ながこうじょう》が特徴で、滑舌の練習にも使われます。

リズム《りずむ》よく よみましょう

おんどく ① ② ③ ④ ⑤ ⑥ ⑦ ⑧　あんしょう　月《がつ》　日《にち》

『うしわかまる』

きょうの ごじょうの はしの うえ、
だいの おとこの べんけいは
ながい なぎなた ふりあげて、
うしわか めがけて きりかかる。

うしわかまるは とびのいて、
もった おうぎを なげつけて、
こい こい こいと らんかんの
うえへ あがって てを たたく。

まえや うしろや みぎ ひだり、
ここと おもえば また あちら、
つばめの ような はやわざに、
おにの べんけい あやまった。

ことばのちしき

牛若丸は、源義経の少年時代の呼び名。牛若丸が、京都の五条《ごじょう》大橋《おおはし》の上で、のちに家来となる弁慶と出会ったという伝承に基づく歌です。

『かわなかじま』 ＊らい さんよう

べんせい しゅくしゅく
よる かわを わたる
あかつきに みる せんぺいの
たいがを ようするを
いこんなり じゅうねん
いっけんを みがき
りゅうせい こうてい
ちょうだを いっす

ことばのちしき

戦国武将・上杉謙信《うえすぎけんしん》と武田信玄《たけだしんげん》の「川中島の戦い」を描いた漢詩です。「鞭聲粛粛《べんせいしゅくしゅく》」（鞭の音も静かに）の出だしが印象的。謙信が、大軍を率いて夜の河を渡り、信玄に奇襲をかける様子が描かれます。

はっきりと よみましょう

いいまわし 216

おんどく ① ② ③ ④ ⑤ ⑥ ⑦ ⑧　あんしょう　月《がつ》　日《にち》

まえむきに なる よじじゅくご

もくひょう めざして
ちょとつ もうしん
いっしん ふらん に
ゆうもう かかん に
だいたん ふてき に
つきすすむべし

おたのしみ

「ちょとつ　もうしん」
する　どうぶつの
なまえは？

ことばのちしき

「猪突猛進」…目標だけを見て、まっすぐに突き進むこと。「一心不乱」…一つだけに集中すること。「勇猛果敢」…勇ましく、決断力を持って行動すること。「大胆不敵」…度胸があり恐れない様子。

『はなのきむらと ぬすびとたち』

＊にいみ なんきち

みんなが じぶんを きらって いたのです。
みんなが じぶんを
しんようしては くれなかったのです。
ところが、この わらじを はいた こどもは、
ぬすびとで ある じぶんに
うしの こを あずけて くれました。
じぶんを
いい にんげんで
あると おもって
くれたのでした。
★

★

また　この　こうしも、　じぶんを
ちっとも　いやがらず、
おとなしくして　おります。
じぶんが　ははうしででも
あるかの　ように、　そばに　すりよって　います。
こどもも　こうしも、
じぶんを　しんようして　いるのです。
こんな　ことは、　ぬすびとの　じぶんには、
はじめての　ことで　あります。
ひとに　しんようされると　いうのは、
なんという　うれしい　ことで　ありましょう。

おたのしみ

ぬすびとは　どうして
うれしく　なったのかな？

『さんびきの やぎ』

ある ところに さんびきの やぎが いました。みんな きが つよいので、はなっぱしが つよい やぎ という いみの、ブルーセ《ぶるうせ》と よばれて いました。

さんびきの やぎの ブルーセ《ぶるうせ》たちは、おいしい くさを たべようと、やまの ぼくじょうに でかけて いきました。

けれども とちゅう、おそろしい かいぶつ、トロール《とろおる》が すんで いる たにを わたらなければ なりません。

★

おんどく ① ② ③ ④ ⑤ ⑥ ⑦ ⑧　あんしょう　月《がつ》　日《にち》

たにに つくと、
いちばん ちいさい やぎの ブルーセ《ぶるうせ》が、
まず さきに はしを わたりはじめました。
「だれだ！
わしの はしを わたるのは！
くって やるぞ。」
「いちばん ちいさな やぎの ブルーセ《ぶるうせ》です。
あとから くる やぎの ほうが おおきいから、
たべるなら そっちの ほうが いいですよ。」
ちいさな やぎは、
かわいい こえで そう いいました。
「そうか。 なら そう しよう。」

にばんめに　おおきい
やぎの　ブルーセ《ぶるうせ》が、
はしを　わたりはじめました。
「まってたぞ！　くって　やる。」
「あとから　くる　やぎの　ほうが、
わたしより　ずっと
にくが　たっぷりなので、
たべるなら　そっちの　ほうが
いいと　おもいます。」
そう　にばんめの　やぎが
いいました。
「なるほど。　それなら　そう　しよう。」

たのしく よみましょう

めいさく 222

おんどく ① ② ③ ④ ⑤ ⑥ ⑦ ⑧　あんしょう 月《がつ》 日《にち》

さいごに いちばん おおきな やぎの
ブルーセ《ぶるうせ》が、ずしん ずしんと はしを
ゆらしながら わたりはじめました。
「まってたぞ！ くって やる！」
トロール《とろおる》が おそいかかろうと した とき。

「ぼくの ひづめに かなう ものは ない。
ぼくの つのに かなう ものは ない。」

いちばん おおきな やぎは、こえ たからかに
うたうと、トロール《とろおる》に とびかかりました。
つので ついて、ひづめで けとばすと、
トロール《とろおる》は たにに おちて いきました。

たのしく よみましょう

おんどく ① ② ③ ④ ⑤ ⑥ ⑦ ⑧　あんしょう 月《がつ》 日《にち》

◆

こうして さんびきの やぎは、
やまの ぼくじょうで
おなかが ぱんぱんに なるまで、
おいしい くさを
たべつづけました。
あんまり たべすぎて
うごけなくなって しまったので、
いまでも やまの うえに
いるそうです。

おたのしみ

きいろい ちょうちょが
ごひき。どこ？

はっきりと よみましょう

いいまわし 224

おんどく ①②③④⑤⑥⑦⑧　あんしょう　月《がつ》　日《にち》

うまの かんようく

うまが あう

きが あう。

ばきゃくを あらわす

しょうたいが ばれる。

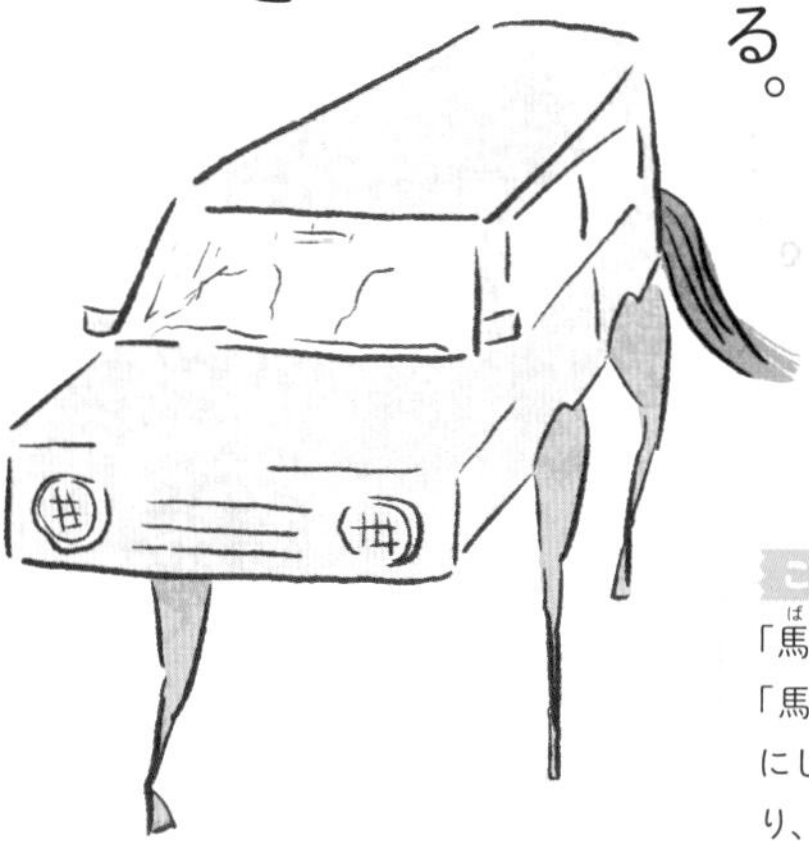

うまの せを わける

こちらは どしゃぶり。

あちらは はれ。

ことばのちしき

「馬脚《ばきゃく》」とは、芝居で馬の脚を演じる役者。「馬の背を分ける」とは、馬の背中を境にして分かれるくらい、局地的に雨が降り、すぐ近くでは晴れている様子をいう。

『ぎんがてつどうの よる』②

＊みやざわ けんじ

その きれいな みずは、
ガラス《がらす》よりも すいそよりも すきとおって、
ときどき めの かげんか、
ちらちら むらさきいろの
こまかな なみを たてたり、
にじのように
ぎらっと ひかったり しながら、
こえも なく どんどん ながれて いき、
のはらには あっちにも こっちにも、
りんこうの さんかくひょうが、
うつくしく たって いたのです。

そうぞうして よみましょう

おんどく ①②③④⑤⑥⑦⑧　あんしょう 月《がつ》 日《にち》

☆

とおい ものは ちいさく、
ちかい ものは おおきく、
とおい ものは
だいだいや きいろで はっきりし、
ちかい ものは
あおじろく すこし かすんで、
あるいは さんかっけい、
あるいは しへんけい、
あるいは いなずまや くさりの かたち、
さまざまに ならんで、
のはら いっぱい
ひかって いるのでした。

ことばのちしき

銀河鉄道の車窓から見た、天の野原の描写です。「三《さん》角標《かくひょう》」は、当時の測量法に使われた櫓《やぐら》をイメージした、賢治の創作とされます。「四辺形《しへんけい》」は四角形のことです。

『きんの おの』

いけの ほとりで、
きこりが きを きって いました。
おのを ふりあげた ひょうしに、
てが すべって、おのを いけに
おとして しまいました。
「どうしよう、たいせつな
しごとどうぐなのに……。」
こまりはてて ないて いると、
いけの なかから、ひかりかがやく
かみさまが あらわれました。
「なぜ、ないて いるのだ？」

★

きこりが わけを はなすと、
かみさまは
「では、わたしが さがして こよう。」
といい、いけに きえて いきました。
やがて、かみさまは、
ぴかぴかの きんの おのを
もって あらわれました。
「おまえの おのは、これか？」
「いいえ、そんな りっぱな
ものでは ありません。」
かみさまは、また
いけに きえて いきました。

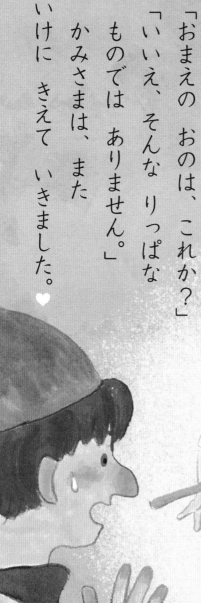

ふたたび あらわれた かみさまは、
こんどは てつの おのを
もって あらわれました。
「これこそ わたしの おのです。」
「しょうじきものの きこりよ。
おまえに どちらの おのも あげよう。」
かみさまは、 きんの おのも
きこりに くれました。

「おれも きんの おのを もらおう。」
その はなしを きいた なかまの きこりは、
いけに いき、 わざと おのを おとしました。

かんがえながら よみましょう

めいさく 230

おんどく ①②③④⑤⑥⑦⑧　　あんしょう　月《がつ》　日《にち》

すると　やはり、かみさまが
きんの　おのを　もって
あらわれました。
「それこそ、わたしの　おのです。」
なかまの　きこりは、うそを　つきました。
「おまえは　よくばりの　うそつきだ。
おまえのような　ものからは、
ほんとうに　おとした　てつの　おのも
とりあげて　しまおう。」
かみさまから　そう　いわれて、
うそを　ついた　きこりには、
なにも　なくなって　しまいました。

おたのしみ

うそを　ついた
きこりは　どうなった？

『とらの いを かる きつね』

ある ところに とらが いました。
とらは、どんな どうぶつでも
たべて しまうので、
みんなに おそれられて いました。
あるひ とらは、
いっぴきの きつねを つかまえました。
くちを おおきく あけて
かみつこうと した とき、
きつねが あわてて いいました。
「まて まて、たべては いかんぞ！」
「なんだ、こいつ。えらそうに。」

かんがえながら よみましょう

めいさく 232

おんどく ① ② ③ ④ ⑤ ⑥ ⑦ ⑧　あんしょう　月《がつ》　日《にち》

「じっさい、えらいのだ。
それと　いうのも、かみさまが　こんど、
おれを　どうぶつの　おうさまに　きめたからだ。
おれを　たべたら、
かみさまに　そむくことに　なるぞ。
うそだと　おもうなら、ついて　こい。
おれを　みた　とたんに、だれでも　にげだすから。」
かみさまに　そむくのは、とらも　いやでした。
「いいだろう。
だが、うそだったら　くって　しまうぞ。」
とらは、のしのし　あるく　きつねの　あとに、
ついて　いきました。

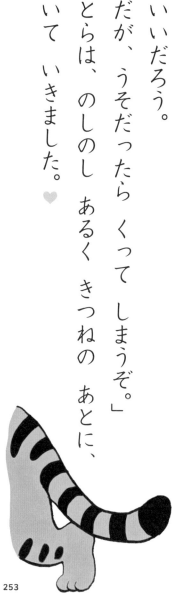

かんがえながら よみましょう

めいさく 233

おんどく ① ② ③ ④ ⑤ ⑥ ⑦ ⑧　あんしょう　月《がつ》　日《にち》

きつねと　とらが　もりへ　いくと、
「わあっ、にげろっ！」
とりは　とびたち、
りすや　さるは　きに　かけのぼりました。
つぎに　のはらを　とおると、
うさぎも　いのししも、しかも　くまも、
みんな　はしって　にげて　しまいました。
ちらっと　すがたを　みただけで
にげだすのだから、かみさまが
きつねを　どうぶつの　おうさまに
したのは、ほんとうなんだと、
とらは、すっかり　しんじて　しまいました。

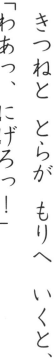

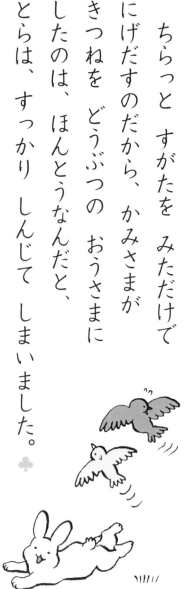

かんがえながら よみましょう

めいさく 234

おんどく ①②③④⑤⑥⑦⑧　あんしょう　月《がつ》　日《にち》

ところが、どうぶつたちが　にげて　いったのは、
じつは、きつねの　うしろに　いる　とらを
みていた　せいだったのです。
とらに　たべられたら　たいへんだと、
こわがって　いたのです。
「さあ、どうだ！
この　どうぶつの　おうさまを　たべて、
かみさまに　ばちを　あてられても　いいのか？」
きつねに　いわれて、
とらは　あきらめて　かえって　いきました。
かみさまが　きつねを　おうさまに　きめたなんて、
しらなかったなあと　おもいながら。

おたのしみ

どうぶつたちが
にげたのは　どうして？

はっきりと よみましょう

いいまわし 235

おんどく ①②③④⑤⑥⑦⑧　あんしょう　月《がつ》　日《にち》

むしの かんようく

おちょうしもの だね。
むしが いい

なんとなく きに いらない。
むしが すかない

ひとには それぞれ
すきな ものが ある。
たで くう むしも
すきずき

ことばのちしき

「虫がいい」と「虫が好かない」の「虫」は、人間の体内に虫がいて、意識に影響を与えるという考え方に由来します。「蓼《たで》」とは、葉に苦みがある植物で、それを食べる虫もいることが語源です。

はっきりと よみましょう

いいまわし 236

おんどく ① ② ③ ④ ⑤ ⑥ ⑦ ⑧　あんしょう 月《がつ》 日《にち》

しれんに とびこむ ことわざ

とんで ひに いる
なつの むし

じぶんから すすんで
わざわいの なかに とびこむ。

しんとう めっきゃくすれば
ひも また すずし

なにごとも しゅうちゅうすれば
くるしさを かんじなく なる。

おたのしみ

それぞれ はやくちで
いって みよう。

『だそく』

むかしの ちゅうごくの おはなしです。
ある おかねもちの いえで、
おいわいごとが ありました。
そこで、いえの しゅじんから しようにんたちに、
おおきな さかずきに はいった、
いっぱいの さけが ふるまわれました。
「みんなで この いっぱいだけ？」
「けちな ごしゅじんさまだなあ。」
くちぐちに もんくを いって いると、
とつぜん しようにんの ひとりが
たちあがりました。★

おんどく ①②③④⑤⑥⑦⑧　あんしょう　月《がつ》　日《にち》

「この さけは、みんなで のむなら
ひとくちずつで おわって しまう。
けれども、ひとりだったら たっぷり
のむことが できる。
どうだい、みんなで えを かいて、
いちばん はやく かきおえた ひとが
ぜんぶ のめると いうことに しないかい。」
「それは おもしろい。
やろう やろう。」
みんなは だいさんせいです。
「では へびの えを かくことに しよう。
それ、はじめ！」

おたのしみ
だれが　かつかな？

かんがえながら よみましょう

めいさく 239

おんどく ① ② ③ ④ ⑤ ⑥ ⑦ ⑧　あんしょう　月《がつ》　日《にち》

しょうにんたちは いっせいに
へびの えを かき はじめました。
やがて、ひとりの おとこが
てを あげました。
「よし、かけた。おれが いちばんだ。」
ほかの みんなは まだ、
へびの えを かいて いる さいちゅう。
「なんだ、どいつも こいつも おそいなぁ。
それなら おれなんか、
あしまで かけちゃうぜ。」
おとこは とくいげに、
へびの えに あしを かきたしました。

その ときです。
にばんめに かきおわった おとこが、
「へびには あしなんか ないぜ。
いくら いちばんに かきおえたって、
まちがえた えじゃ だめさ。
だから、この さけは おれの ものだ。」
と いうと、さかずきの さけを
いっきに のみほして しまいました。
「あーあ、しっぱいした。
よけいな ことを しちゃったよ。」
さいしょの おとこは からっぽの さかずきを、
いつまでも うらめしそうに ながめて いました。

ことばのちしき

中国に伝わる故事です。蛇に足を付け足したために、本当は勝っていた勝負に負けてしまったことから、余計なものを例えて「蛇足」といいます。

おもしろ
おんどく
4

べ・ん・け・い・が・な・で でんごんばん

ぶんの くぎりかたが ちがうと、
いみも かわって くるよ。
えの ないように あう ぶんは
どちらかな？

□でんわ ならない
□でんわなら ない

□きょうふの みそしる
□きょう ふの みそしる

□ぱん つくったよ
□ぱんつ くったよ

□ここで　はきものを
ぬぎなさい

□ここでは　きものを
ぬぎなさい

□あったかい

□あっ　たかい

□かめら　ください

□かめ　らくだ　さい

□わたしは　はが
きれい

□わたし　ははが
きれい

そうぞうして よみましょう

めいさく 241

おんどく ①②③④⑤⑥⑦⑧　あんしょう　月《がつ》　日《にち》

『やまなし』

*みやざわ けんじ

にひきの かにの こどもらが
あおじろい みずの そこで
はなして いました。
「クラムボン《くらむぼん》は わらったよ。」
「クラムボン《くらむぼん》は かぷかぷ わらったよ。」
「クラムボン《くらむぼん》は はねて わらったよ。」
「クラムボン《くらむぼん》は かぷかぷ わらったよ。」
うえの ほうや よこの ほうは、
あおく くらく はがねの ように みえます。
その なめらかな てんじょうを、
つぶつぶ くらい あわが
ながれて いきます。★

そうぞうして　よみましょう

めいさく 242

おんどく ①②③④⑤⑥⑦⑧　あんしょう　月《がつ》　日《にち》

★

「クラムボン《くらむぼん》は　わらって　いたよ。」
「クラムボン《くらむぼん》は　かぷかぷ　わらったよ。」
「それなら　なぜ
クラムボン《くらむぼん》は　わらったの。」
「しらない。」
つぶつぶ　あわが　ながれて　いきます。
かにの　こどもらも
ぽっぽっぽっと　つづけて
ご、ろくつぶ　あわを　はきました。
それは　ゆれながら
すいぎんの　ように　ひかって
ななめに　うえの　ほうへ　のぼって　いきました。

おたのしみ

「クラムボン《くらむぼん》」が　なにか、
かんがえて　みよう。

そうぞうして　よみましょう

おんどく ①②③④⑤⑥⑦⑧　あんしょう　月《がつ》　日《にち》

『わたしと　ことりと　すずと』

＊かねこ　みすず

わたしが　りょうてを　ひろげても、
おそらは　ちっとも　とべないが、
とべる　ことりは　わたしのように、
じべたを　はやくは　はしれない。

わたしが　からだを　ゆすっても、
きれいな　おとは　でないけど、
あの　なる　すずは　わたしのように
たくさんな　うたは　しらないよ。

すずと、　ことりと、　それから　わたし、
みんな　ちがって、　みんな　いい。

おたのしみ
「わたし」を　じぶんの
なまえに　かえて
よんで　みよう。

こころを こめて よみましょう

し・うた 244

おんどく ①②③④⑤⑥⑦⑧　あんしょう　月《がつ》　日《にち》

『ねんずれば はな ひらく』

＊さかむら しんみん

ねんずれば
はな ひらく

くるしい とき
ははが いつも
くちに して いた
この ことばを
わたしも いつの ころ からか
となえるように なった
そうして
その たび
わたしの はなが
ふしぎと
ひとつ
ひとつ
ひらいて いった

おたのしみ
あなたは どんな
はなを さかせたい？

たのしく よみましょう

めいさく 245

おんどく ①②③④⑤⑥⑦⑧　あんしょう　月《がつ》　日《にち》

『はだかの おうさま』

ある くにに、 きる ものを たくさん もって いる
おしゃれな おうさまが いました。
この おうさまの うわさを きいて、
ふたりの うそつきな おとこが、
おしろに やって きました。
「わたしたちの おる ぬのは、 わるい ものや、
おろかものには みる ことの できない、
ふしぎな ぬのなのですよ。」
おうさまは これを きいて その ふくが
ほしくなり、 ふたりに おかねを わたして、
すぐに ぬのを おるように いいました。★

たのしく よみましょう

めいさく 246

おんどく ① ② ③ ④ ⑤ ⑥ ⑦ ⑧　　あんしょう　月《がつ》　日《にち》

おうさまは だいじんに
ようすを みに いかせましたが、
だいじんには ぬのが みえません。
あたりまえです。
ほんとうは なにも ないのですから。
けれど、もしも みえなかったと
いえば、じぶんは だいじんに
むいて いない おろかものと
いう ことに なって しまいます。
そこで だいじんは おうさまに いいました。
「おうさま、たいそう すばらしい
できばえで ございましたぞ。」

おたのしみ
だいじんが
うそを
ついたのは
どうして？

さて、いよいよ できあがりの ひ、
うそつきの ふたりの おとこは、
おうさまの まえに たいせつな ふくを
もって きた ふりを しました。
おうさまは、めを こすりました。
なにも みえないからです。
「う、うむ、なかなか よい できだ。」
おうさまが やっと そう いうと、
だいじんたちは、
「きょうの パレード《ぱれえど》に このふくを
おめしに なっては いかがですか。」
と すすめました。

♣

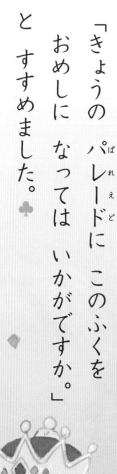

おうさまは しかたがないので パンツ《ぱんつ》の うえに
みえない ふくを きて、パレード《ぱれえど》に でかけました。
まちの ひとは みんな、おうさまの ふくを
ほめました。でも、ひとりの こどもが、
「なぜ おうさまは はだかなの。おかしいな。」
と いうと、ひとびとの あいだから
くすくす わらう こえが きこえて きました。
ほんとうは みんな、おかしかったからです。
わらいごえは おうさまの
みみにも とどきましたが、
おうさまは にげだすわけにも いかず、
はずかしそうに あるきつづけたのでした。

たのしく よみましょう

おんどく ①②③④⑤⑥⑦⑧　あんしょう　月《がつ》　日《にち》

『どんぐりと やまねこ』

＊みやざわ けんじ

おかしな はがきが、ある どようびの ゆうがた、
いちろうの うちに きました。

かねた いちろう さま くがつ じゅうくにち
あなたは、ごきげん
よろしい ほで、けっこです。
あした、めんどな さいばん しますから、
おいでんなさい。
とびどぐ もたないで ください。

やまねこ はい

★

おたのしみ

てがみに　たりない
4この「う」を、
みつけよう。

やまねこは ひげを ぴんと ひっぱって、
はらを つきだして いいました。
「こんにちは、よく いらっしゃいました。
じつは おとといから、
めんどうな あらそいが おこって、
ちょっと さいばんに こまりましたので、
あなたの おかんがえを、
うかがいたいと おもいましたのです。
まあ、ゆっくり、おやすみ ください。
じき、どんぐりどもが まいりましょう。
どうも まいとし、この さいばんで
くるしみます。」

たのしく　よみましょう

めいさく 251

おんどく ①②③④⑤⑥⑦⑧　あんしょう　月《がつ》　日《にち》

そらが　あおく　すみわたり、
どんぐりは　ぴかぴかして　じつに　きれいでした。
「さいばんも　もう　きょうで　みっかめだぞ、
いいかげんに　なかなおりを　したら　どうだ。」
やまねこが、すこし　しんぱいそうに、
それでも　むりに　いばって　いいますと、
どんぐりどもは　くちぐちに　さけびました。
「いえいえ、だめです、なんと　いったって
あたまの　とがってるのが
いちばん　えらいんです。
そして　わたしが
いちばん　とがって　います。」

たのしく よみましょう

おんどく ① ② ③ ④ ⑤ ⑥ ⑦ ⑧　あんしょう　月《がつ》　日《にち》

「いいえ、ちがいます。
まるいのが えらいのです。
いちばん まるいのは わたしです。」
「おおきな ことだよ。
おおきなのが いちばん えらいんだよ。
わたしが いちばん おおきいから
わたしが えらいんだよ。」
「そうで ないよ。
わたしの ほうが よほど おおきいと、きのうも
はんじさんが おっしゃったじゃ ないか。」
「だめだい、そんな こと。せいの たかいのだよ。
せいの たかい ことなんだよ。」

おたのしみ
「せいの　たかい」
どんぐりは　どこ？

もう みんな、がやがや がやがや いって、
なにが なんだか、
まるで はちの すを つっついたようで、
わけが わからなく なりました。
やまねこが いちろうに そっと もうしました。
「この とおりです。
どうしたら いいでしょう。」
いちろうは わらって こたえました。
「そんなら、こう いいわたしたら いいでしょう。
この なかで いちばん ばかで、
めちゃくちゃで、 まるで なって いない
ようなのが、 いちばん えらいとね。」

たのしく よみましょう

めいさく 254

おんどく ①②③④⑤⑥⑦⑧　あんしょう　月《がつ》　日《にち》

やまねこは　なるほどと　いうふうに　うなずいて、
それから　いかにも　きどって、
しゅすの　きものの　えりを　ひらいて、
どんぐりどもに　もうしわたしました。
「よろしい。しずかに　しろ。もうしわたしだ。
この　なかで、いちばん　えらくなくて、ばかで、
めちゃくちゃで、てんで　なって　いなくて、
あたまの　つぶれたような　やつが、
いちばん　えらいのだ。」
どんぐりは、しいんと　して　しまい
ました。それは　それは　しいんと　して、
かたまって　しまいました。

はっきりと よみましょう

いいまわし 255

おんどく ① ② ③ ④ ⑤ ⑥ ⑦ ⑧　あんしょう 月《がつ》 日《にち》

にて いる ものの ことわざ

どんぐりの
せいくらべ

ごじゅっぽ ひゃっぽ

にたり よったり

みんな おんなじ、
にたもの どうし

ことばのちしき

いずれも、互いに大きな差がないことの例え。「どんぐりの背くらべ」…かわり映えのない者同士が、競い合う様子。「五十歩百歩」…戦いの際に、五十歩逃げても百歩逃げても、逃げたことに変わりはないことから、多少の差はあれ本質的には同じということ。

はっきりと よみましょう

いいまわし 256

おんどく ① ② ③ ④ ⑤ ⑥ ⑦ ⑧　あんしょう　月《がつ》　日《にち》

ねこの かんようく

ねこの ひたい ほど
とても せまい ばしょ。

かりて きた ねこ
いつもと ちがって
とても おとなしい。

ねこも しゃくしも
だれも かれも みんな。

ねこなでごえ
あいての きげんを とる
やさしげな こえ。

おんどく ①②③④⑤⑥⑦⑧　あんしょう　月《がつ》　日《にち》

『ほうじょうき』

＊かもの ちょうめい

ゆく かわの ながれは
たえず して、しかも
もとの みずに あらず。
よどみに うかぶ うたかたは、
かつ きえ かつ むすびて、
ひさしく とどまりたる
ためし なし。

おたのしみ

かわの　ながれを　みて、
あなたは　どう　かんじる？

ことばのちしき

鴨長明の随筆『方丈記』の冒頭です。長明は、人生を川の水の流れと、水に浮かぶ泡沫《うたかた》（あわ）に例え、移ろい続ける物事のはかなさを表現しています。

はっきりと よみましょう

おんどく ①②③④⑤⑥⑦⑧　あんしょう 月《がつ》 日《にち》

『かんちゅうの きのめ』

＊うちむら かんぞう

はるの えだに はな あり
なつの えだに は あり
あきの えだに か あり
ふゆの えだに なぐさめ あり

はな ちりて のちに
は おちて のちに
か うせて のちに
めは えだに あらわる

おたのしみ

あなたは どの きせつの えだが すき？

ことばのちしき

思想家・内村鑑三の詩。春の枝には「花」、夏には「葉」、秋には「果」があり、冬には「慰《なぐさめ》」があるといいます。自身も逆境にあるときにつくられた詩です。

『まんじゅう こわい』

げんじの なかまたちが、

「いちばん こわい ものは なにか」

と いう はなしを して いました。

みんな、クモ《くも》の あしが ぶきみだ とか、
アリ《あり》の ぎょうれつが いやだ とか
いいあいましたが、げんじだけが だまって います。

「げんじ、おまえの こわい ものは なんだい？」

「ひとつだけ、こわい ものが ある。」

「なんだい、その こわい ものは。」

「やだよ。いうだけでも おそろしい。」

「いいじゃねえか。いってみな。」★

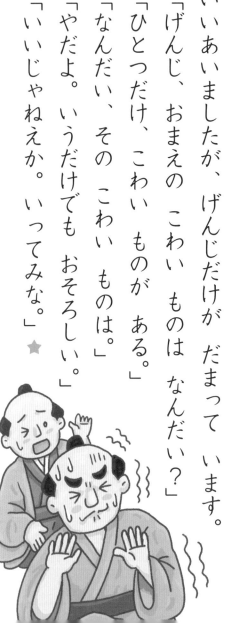

みんなに せまられて、
げんじは こたえました。
「おれの こわいのは……、
ま、まんじゅうだ。」
「ははは、まんじゅうの どこが こわいんだ。」
「やめて くれ、きくだけでも こわい。」
「じゃあ、くりまんじゅうは どうだ？
ちゃまんじゅうは？」
「こわい、こわい、きぶんが わるい。
ちょっと やすませて くれ。」
げんじが となりの へやで よこに なると、
なかまたちは、ひそひそと はなしあいました。

「げんじの やつ、まんじゅうが
こわいなんて、いがいだな。」
「まんじゅうを、あいつの そばに
つみあげるってのは どうだ。」
「おもしれえな。
どんなに こわがるか、みものだぞ。」
みんなは、まんじゅうを やまの ように
さらに もって、げんじの まくらもとに おきました。
げんじは みるなり、がたがた ふるえて
ふとんを かぶって しまいました。
そして、ふとんから てを のばして、
まんじゅうを つかみました。

「まんじゅうを　みると　こわくて　たまらない。
くって　しまえば　みえねえから、
くって　しまおう。
まんじゅう　こわい、こわい。」
と　ぜんぶ　たべて　しまったので、
みんなは　おどろきました。
「おい　げんじ、まんじゅう　こわいって、
うそじゃねえか。そんなに　くいやがって。
ほんとうに　こわいのは　なんなんだよ。」
げんじは　はらを　さすりながら、
しゃあしゃあと　こたえました。
「こんどは、あつい　ちゃが　こわい。」

おたのしみ

げんじって、どんな
ひとだと　おもう？

『あまの いわと』

かみがみが てんと ちを
おさめて いた ころの おはなしです。
おとうとが とても らんぼうなので、
ひの かみ アマテラス《あまてらす》は、おこって
あまの いわとと いう ところに
かくれて しまいました。
とたんに、てんと ちは
まっくらに なりました。
「どうにか して そとに でて きて ほしい。」
おおぜいの かみさまが あつまって
そうだんを しました。★

ことばのちしき

天照大御神《あまてらすおおみかみ》が、弟・須佐之男命《すさのおのみこと》の行いを嘆いて、岩戸の中に引きこもる様子を描いた日本神話です。世界は闇に包まれ、ほかの神々は困ってしまいました。

そうぞうして よみましょう

おんどく ①②③④⑤⑥⑦⑧　あんしょう　月《がつ》　日《にち》

★いわとの まえで、アマノウズメノ《あまのうずめの》みことが
おどり はじめました。
りょうてに もった ささの はを
さらさらと ふって おどります。
それは それは みごとな おどりでした。
かみさまたちは よろこびました。
「わっはっは！」
「うまいぞ、うまいぞ。」
あまりの おおさわぎに、にわとりが
コケッコー《こけっこお》と すさまじい こえで なきました。
それは、いわとの なかにも
きこえて きました。♥

「なんの さわぎかしら？
どうしたのかしら？」
アマテラス《あまてらす》は、
いても たっても いられません。
とうとう、すこしだけ
いわとを あけて しまいました。
「てんも ちも まっくらやみだと いうのに、
なにが そんなに おかしいのよ？」
おどって いた アマノウズメノ《あまのうずめの》みことは
こたえました。
「あなたさまより りっぱな かみさまが
おこしですので、おどって います。」

「ええっ。わたしより りっぱな
かみさまですって？」
アマテラス《あまてらす》は おもしろく ありません。
いわとを もう すこし あけました。
すると、めの まえに とても りっぱな
かみさまが たって いました。かがみに
うつった ひの かみの すがたでした。
その とき、ちからもちの かみさまが、
いわとを ちからいっぱい あけはなちました。
すると どう でしょう。
てんと ちには、ひかりが
みちあふれたと いう ことです。

うたうように よみましょう

たんか 267

おんどく ①②③④⑤⑥⑦⑧　あんしょう　月《がつ》　日《にち》

よるの できごとを よんだ たんか

めぐりあいて
みしや それとも
わかぬ まに
くもがくれにし
よわの つきかな

＊むらさきしきぶ

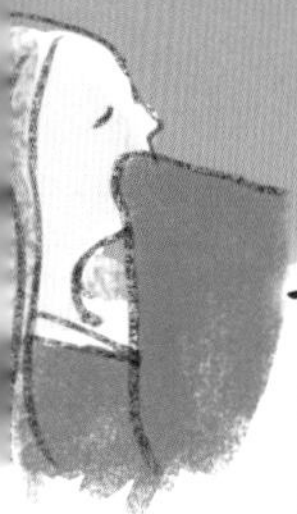

よを こめて
とりの そらねは
はかるとも
よに おうさかの
せきは ゆるさじ

＊せいしょうなごん

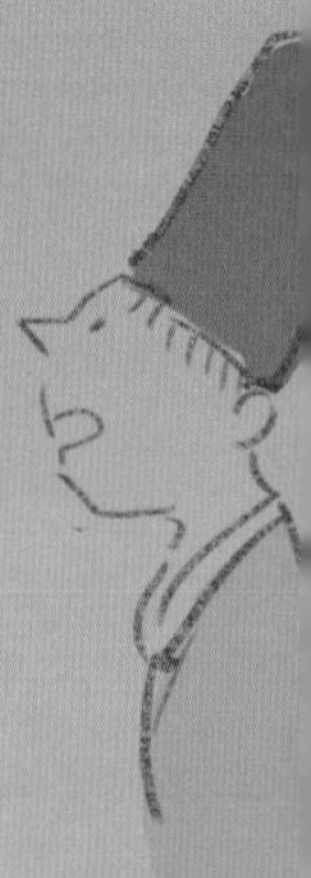

ことばのちしき

「めぐりあいて」…久しぶりに会ったのに、あなたかどうかも見分けがつかないうちに、姿が見えなくなってしまいましたね。雲にかくれた夜中の月のように。「よをこめて」…深夜に鶏《にわとり》の鳴きまねをして、朝が来たとだまそうとしても、私にはお見通し。会うことはできません。

ゆっくりと　よみましょう

こてん
268

おんどく ① ② ③ ④ ⑤ ⑥ ⑦ ⑧　あんしょう　月《がつ》　日《にち》

『げんじ　ものがたり』　＊むらさきしきぶ

いずれの　おおんときにか、
にょうご、こうい、
あまた　さぶらい
たまいける　なかに、
いと　やんごとなき
きわには　あらぬが、
すぐれて　ときめき　たもう
ありけり。

ことばのちしき

『源氏物語』の冒頭文です。意味は、「いつの時代のことか、帝からの愛を一身に受けていらっしゃる女性がいました」。主人公・光源氏の母、桐壺《きりつぼ》の描写です。

はっきりと よみましょう

し・うた
269

おんどく ①②③④⑤⑥⑦⑧　あんしょう　月《がつ》　日《にち》

『しゅんぼう』

＊とほ

くに　やぶれて
さんが　あり
しろ　はるに　して
そうもく　ふかし
ときに　かんじて
はなにも　なみだを　そそぎ
わかれを　うらんで
とりにも　こころを　おどろかす

おたのしみ

すらすら　よめるように
れんしゅうして　みよう。

ことばのちしき

意味は、「戦乱で都は壊されたが、山や河は変わらない。町は春を迎えて、草木が生い茂っている。花を見ても涙し、家族との別れを思って鳥の声にも心が痛む」。

はっきりと よみましょう

いいまわし 270

おんどく ① ② ③ ④ ⑤ ⑥ ⑦ ⑧　あんしょう　月《がつ》　日《にち》

まえむきに なる ことわざ

ふくすい ぼんに かえらず

さいげつ ひとを またず

あしたは あしたの かぜが ふく

あしたは また いい ことが ある

ことばのちしき

「覆水盆に…」は、取り返しがつかないことの例えです。「歳月…」は、時間はどんどん過ぎてしまうということ。「明日は…」は、未来を案じても仕方ないので、成り行きにまかせることも大切、という意味です。

『おりひめと ひこぼし』

あまのがわの ひがしの きしに、てんの かみさまの
むすめの おりひめが すんで いました。
おりひめは、はたを おるのが しごとでした。
あさから ばんまで おりつづけ、その ぬのは
すばらしく ひかりかがやいて いました。
かみさまは、はたらいてばかりの
おりひめが かわいそうに なりました。
「おりひめも としごろなのだから、
ふさわしい むこを むかえよう。」
かみさまは、あまのがわの にしの きしで
ひとりの わかものを みつけました。★

わかものは　ひこぼしと　いう
うしかいで、とても　はたらきものでした。
おりひめと　ひこぼしは　ひとめで
たがいを　すきに　なり、けっこんしました。
ところが、あまりにも　なかが　よすぎて、
まいにち　あそびくらし、おりひめは、
はたを　おる　ことも　わすれて　しまいました。
ひこぼしも　うしの　せわを　なまけたので、
うしたちは　びょうきに　なりました。
かみさまは、ふたりを　よんで　いいました、
「あそんでばかり　いないで、
しごとを　したら　どうだ。」

「ごめんなさい。
あしたからは　きちんと
はたらきます。」
と、おりひめも　ひこぼしも　やくそくしました。
ところが、ふたりは　あいかわらず
あそびくらして　ばかりです。
なんども　ちゅういした　かみさまは、
しまいには、かんかんに　おこりだしました。
「おまえたちを　けっこんさせたのは
まちがいだった。
これからは、また　あまのがわの
ひがしと　にしに　わかれて　くらしなさい。」

たのしく よみましょう

おんどく ①②③④⑤⑥⑦⑧　あんしょう　月《がつ》　日《にち》

ふたりは　ゆるして　くれるよう
ひっしで　たのみましたが、　だめでした。
かなしくて　さめざめと　ないてばかりの
おりひめを　みて、　かみさまは、
かわいそうに　なって　いいました。
「そんなに　ひこぼしに　あいたいならば、
いちねんに　いちどだけ、
しちがつ　なのかの　よるに
あう　ことを　ゆるそう。」
こうして、　ふたりは　しちがつ　なのかに
あえる　ことを　たのしみに、
それぞれ、　しごとに　はげむように　なりました。

ことばのちしき

七夕にまつわる伝説です。織姫はこと座の一等星・ベガで、彦星はわし座の一等星・アルタイルのこと。2つの星の間には、天の川が横たわっています。

ゆっくりと よみましょう

おんどく ① ② ③ ④ ⑤ ⑥ ⑦ ⑧　あんしょう　月《がつ》　日《にち》

たいようの まわりを まわる ほしたち

すいせい

たいように いちばん ちかい ほし。
ひるは あつくて、よるは さむい。

きんせい

ゆうがた、にしの そらに
かがやく いちばんぼし。
またの なを「よいの みょうじょう」。
よあけに みえると「あけの みょうじょう」。

ちきゅう

みずと くうきに めぐまれた、
うつくしい ほし。★

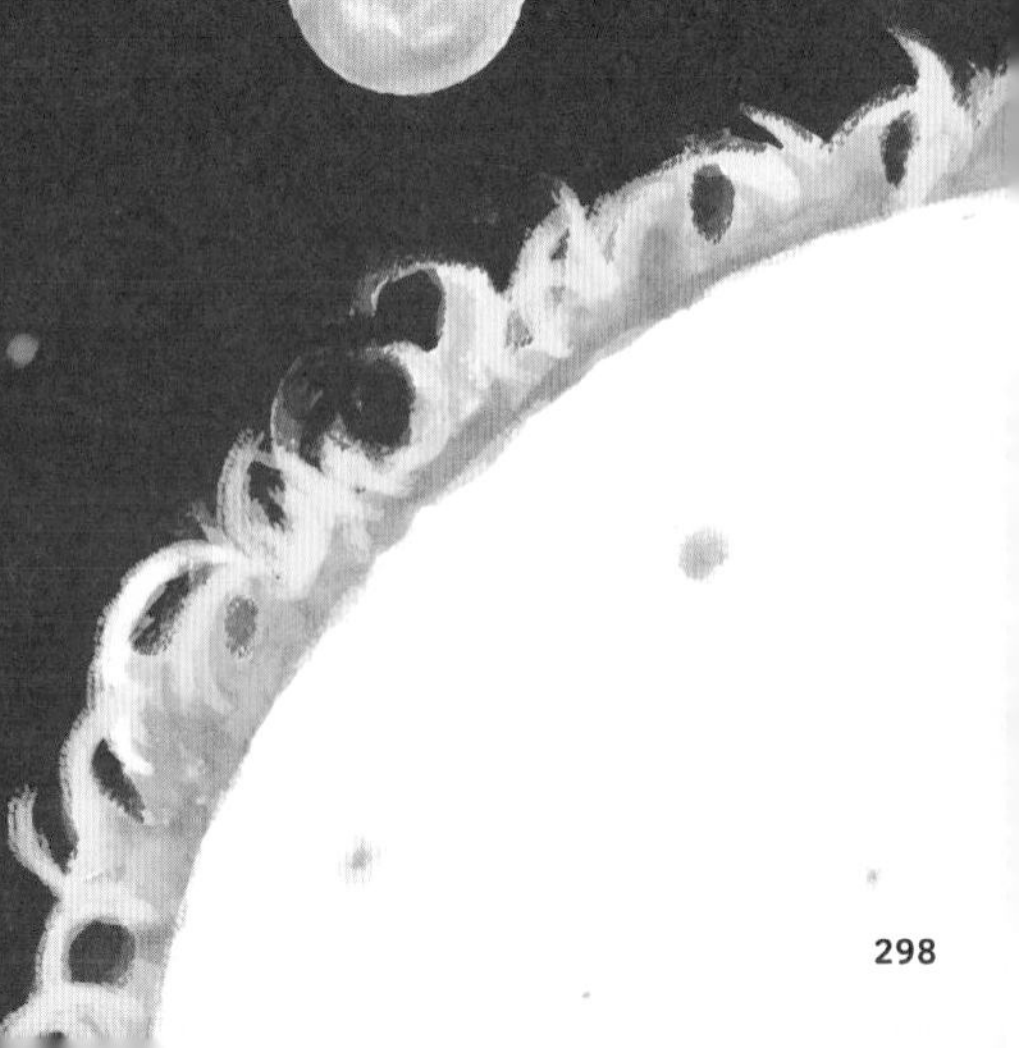

ことばのちしき

太陽系にある8つの星の名前です。なかでも、水星・金星・火星・木星・土星は、肉眼でも見えやすい星として知られています。

ゆっくりと よみましょう

ちしき 276

おんどく ①②③④⑤⑥⑦⑧　あんしょう　月《がつ》　日《にち》

★かせい

ちきゅうに よく にた、
あかい ほし。
せいめいが いるかも？

もくせい

とても おおきくて
おもい ほし。
ほとんど ガス《がす》で
できて いる。

どせい

まわりの わっかの
しょうたいは、
なんじゅうおくこの
こおりの つぶ。

てんのうせい

ひるが よんじゅうにねん、
よるも よんじゅうにねん
つづく。

かいおうせい

たいようから
いちばん とおい、
つめたくて
あおい ほし。

おたのしみ

あなたが くらす
ほしは どこ？

『ぶんちょう』

＊なつめ そうせき

ぶんちょうは くちばしを あげた。
のどの ところで
かすかな おとが する。
また くちばしを
あわの まんなかに おとす。
また かすかな おとが する。
その おとが おもしろい。
しずかに きいて いると、
まるくて こまやかで、
しかも ひじょうに すみやかである。
すみれほどな ちいさい ひとが、
こがねの つちで めのうの ごいしでも
つづけざまに たたいて いるような きが する。

ことばのちしき

漱石の小説『文鳥』の一文。小説家の「自分」が文鳥を飼い始め、それをかわいがる様子が描かれます。漱石自身の体験に基づいて書かれたといわれます。

『あかい ろうそくと にんぎょ』

＊おがわ みめい

にんぎょは、
みなみの ほうの うみにばかり
すんで いるのでは ありません。
きたの うみにも すんで いたので
あります。
ほっぽうの うみの いろは、
あおう ございました。
ある とき、いわの うえに、
おんなの にんぎょが あがって、
あたりの けしきを ながめながら
やすんで いました。
　くもまから もれた つきの ひかりが
さびしく、なみの うえを
てらして いました。

『あめだま』

＊にいみ なんきち

はるの あたたかい ひの こと、わたしぶねに ふたりの ちいさな こどもを つれた おんなの たびびとが のりました。

ふねが でようと すると、

「おおい、ちょっと まって くれ。」

と、どての むこうから てを ふりながら、さむらいが ひとり はしって きて、ふねに とびこみました。

ふねは でました。

さむらいは ふねの まんなかに どっかり すわって いました。ぽかぽか あたたかいので、その うちに いねむりを はじめました。★

くろい ひげを はやして、つよそうな
さむらいが、こっくり こっくり するので、
こどもたちは おかしくて、
ふふふと わらいました。
しばらく すると ひとりの こどもが、
「かあちゃん、あめだま ちょうだい。」
と てを さしだしました。
すると、もう ひとりの こどもも、
「かあちゃん、あたしにも。」
と いいました。
おかあさんは ふところから、
かみの ふくろを とりだしました。
ところが、あめだまは もう
ひとつしか ありませんでした。

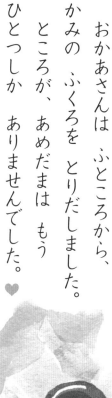

「あたしに　ちょうだい。」
「あたしに　ちょうだい。」
ふたりの　こどもは、
りょうほうから　せがみました。
あめだまは　ひとつしか　ないので、
おかあさんは　こまって　しまいました。
「いいこたちだから　まって　おいで、
むこうへ　ついたら　かって　あげるからね。」
と　いって　きかせても、こどもたちは、
ちょうだいよお、ちょうだいよお
と　だだを　こねました。
いねむりを　して　いたはずの　さむらいは、
ぱっちり　めを　あけて、
こどもたちが　せがむのを　みて　いました。

おかあさんは　おどろきました。いねむりを　じゃまされたので、この　おさむらいは　おこって　いるにちがいない、と　おもいました。
「おとなしく　して　おいで。」
と、おかあさんは　こどもたちをなだめました。
　すると　さむらいが、すらりとかたなを　ぬいて、おかあさんとこどもたちの　まえに　やって　きました。
おかあさんは　まっさおに　なって、こどもたちを　かばいました。
いねむりの　じゃまを　した　こどもたちを、さむらいが　きりころすと　おもったのです。

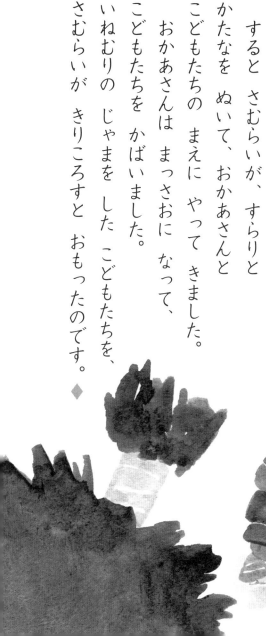

「あめだまを　だせ。」
と　さむらいは　いいました。
おかあさんは　おそる　おそる
あめだまを　さしだしました。
さむらいは　それを　ふねの
へりに　のせ、かたなで　ぱちんと
ふたつに　わりました。
そして、
「そおれ。」
と、ふたりの　こどもに
わけて　やりました。
それから、また　もとの　ところに
かえって、こっくり　こっくり
ねむり　はじめました。

おたのしみ
さむらいは、ほんとうは
どんな　ひとだった？

はっきりと よみましょう

いいまわし 284

おんどく ① ② ③ ④ ⑤ ⑥ ⑦ ⑧　あんしょう　月《がつ》　日《にち》

ぶしの ことわざ

はらが へっては
いくさは できぬ
まずは はらごしらえじゃ。

かって かぶとの
おを しめよ
ゆだんは きんもつですぞ。

ぶしに にごんは ない
いちど いった ことは
かならず じっこうするぜよ。

おたのしみ
ぶしに なりきって
よんで みよう。

『びょうぶの とら』

あるひ、こぞうの いっきゅうさんが
とのさまに よびだされました。
とのさまは へやに ある びょうぶを ゆびさして いいました。
「この えの とらが、まいばん とびだして きて あばれるので
こまって おる。あばれないように、しばりあげて くれ。」
それを きいた いっきゅうさんは、とのさまの けらいに
ふとい つなを よういして もらいました。

そして びょうぶの まえに たち、
いさましい こえで いいました。
「やいやい、あばれものの とらよ。
さあ、でて こい。
この いっきゅうが
おまえを しばりあげるぞ。」

★

たのしく よみましょう

めいさく 286

おんどく ① ② ③ ④ ⑤ ⑥ ⑦ ⑧　あんしょう　月《がつ》　日《にち》

★

もちろん、とらは
でてきません。
いっきゅうさんは、いいました。
「とのさま、えの　とらを
そとに　おいだして　くだされ。
わたしが　かならず　しばりあげます。」
とのさまは　いいました。
「いっきゅう、なにを　いう。えの　なかの　とらを
おいだせる　わけが　ないでは　ないか。」
いっきゅうさんは　くびを　かしげました。
「はて？　とのさまは、このとらが　まいばん
とびだして　くると　いったでは　ありませんか。」
「うーむ。」
とのさまは　うなるしか　ありませんでした。

おたのしみ

いっきゅうさんは、どうして
つなを　よういして　もらったのかな？

リズム《りずむ》よく よみましょう

ことばあそび 287

おんどく ①②③④⑤⑥⑦⑧　あんしょう　月《がつ》　日《にち》

『ういろううり』②

きょうの なま だら
なら なま まながつお
ちょとし、ごかんめ

おちゃ だちょ ちゃ だちょ
ちゃっと たちょ ちゃ だちょ
あおだけ ちゃせんで
おちゃ ちゃっと たちゃ★

ことばのちしき

歌舞伎「外郎売《ういろううり》」の長口上《ながこうじょう》を、一部抜粋しました。冒頭は、「京の生鱈《だら》、奈良、生真魚鰹《まながつお》」。「四、五貫目」は、約15～18kg。「青竹茶筅《あおだけちゃせん》」は、茶道具の一つです。

リズム《りずむ》よく　よみましょう

ことばあそび 288

おんどく ① ② ③ ④ ⑤ ⑥ ⑦ ⑧　あんしょう　月《がつ》　日《にち》

☆

がらぴい　がらぴい　かざぐるま
おきゃがれ　こぼし
おきゃがれ　こぼし
ゆんべも　こぼして
また　こぼした
たあぷぽぽ　たあぷぽぽ
ちりから　ちりから　つったっぽ

おたのしみ

287に　つづけて
いってみよう。

『じゅうにしの ゆらい』

むかし むかしの としの くれ、
かみさまが どうぶつたちに いった。
「がんたんの あさ、
いちばん はやく きた ものから
じゅうにばんめまでを、 いちねんずつ
そのとしの たいしょうと する。」
どうぶつたちは おおはりきり。
ところが、 ねこは いねむりを して、
かんじんな ことを ききのがして しまった。
「なあ、 ねずみ、
かみさまに あいさつするのは いつだ？」
「しょうがつの ふつかめだ。」
ねずみは わざと いちにち おそく おしえた。
☆

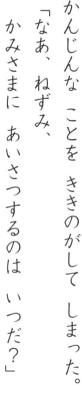

たのしく よみましょう

めいさく 290

おんどく ① ② ③ ④ ⑤ ⑥ ⑦ ⑧　あんしょう　月《がつ》　日《にち》

おおみそかの よる、うしが おきだした。
「おいらは あしが おそいから、
よるの うちに でかけよう。」
その ようすを みて いた
ねずみは、うしの せなかに とびのった。
うしは せなかに ねずみが いるとは
しらず、ゆったり のったり あるいて いく。
よが あけて、しょうがつの あさ。
かみさまの ごてんの まえには だれも いない。
うしが ちかづいて いき、
ぎぎぎぎ〜っと、もんが あいた とき、

ちょこん！

なんと ねずみが とびおりて、
うしより さきに もんを くぐった。

おたのしみ

さいしょに　もんを
くぐったのは　だれ？

もんばんが さけんだ。
「いちばん、ねずみさまー。」
その あと、つぎつぎと どうぶつたちが
やって きた。
かみさまは じゅうにひきに ほほえんだ。
「おめでとう。
さいしょの たいしょうは ねずみだ。
それから、うし、とら、
うさぎ、たつ、へび、うま、ひつじ、
さる、とり、いぬ、いのししの
じゅんばんだ。」
この ときから いちねんずつ、
どうぶつが たいしょうと なる、
じゅうにしが はじまった。

♣

よくじつ、ねこが ごてんへ いった。

「へへん、だれも きてないな。

おれさまが いちばんだ。」

とが あいて、もんばんが ねこを みた。

「おまえさんは、なにを しに きた？」

「たいしょうに なりに きたのさ。」

おおいばりの ねこに、もんばんは
あきれて いった。

「たいしょうは、きのう きまったよ。」

「なんだって？」

ねこは、はたと きがついた。

「ねずみめ、おれさまを だましたな。」

それから ねこは、
ねずみを おいまわすように なったとさ。

おたのしみ
ねこが ごてんへ
いったのは、
なんがつ なんにち？

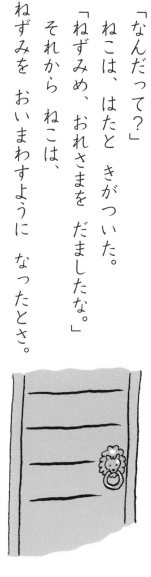

『ふるやの もり』

やまの なかに いっけんの
いえが ありました。いえには
おじいさんと おばあさんと
まごが すんで いました。
いかにも あめが ふりだし
そうな、どんよりと くらい よる。
まごが おじいさんに ききました。
「この よで いちばん こわい ものは なに？」
「そうじゃなあ、まずは どろぼうじゃな。」
その こたえに、にやりと したのは、
なにか ぬすんで やろうと、うまごやの
はりの うえに いた どろぼうです。
「おれさまが いちばん こわいってよ。」
★

そうぞうして よみましょう

めいさく 294

おんどく ①②③④⑤⑥⑦⑧　あんしょう　月《がつ》　日《にち》

こんどは まごが おばあさんに ききました。
「いちばん こわい ものは なに？」
「わたしは おおかみが こわいねえ。」
その こたえに よろこんだのは、
うまごやの かげに いた おおかみでした。
うまを たべて やろうと ねらって いたのです。
「でも、それより こわいのは、
ふるやのもりだね。」
「ああ、そうじゃ。
ふるやのもりが いちばん こわい。
こんばんあたり、きっと やって くるぞ。」
おどろいたのは、どろぼうと おおかみです。
「ふるやのもりが そんなに おそろしい やつなら、
はやく ここから にげなくちゃ。」

おたのしみ

「ふるやの　もり」が
なにか、
かんがえて　みよう。

そうぞうして よみましょう

おんどく ①②③④⑤⑥⑦⑧　あんしょう　月《がつ》　日《にち》

♥

あわてた どろぼうは、うっかり
あしを ふみはずして、おっこちました。
おちた ところが おおかみの せなかの
うえだったから たまりません。
おおかみは びっくりして、
どろぼうを せなかに
のせたまま にげだしました。
「うえから なにか おちて きた。
きっと、ふるやのもりに ちがいねえ。
はやく はなれて くれえ！」
どろぼうも ひっしで
せなかに しがみつきます。
「こいつが ふるやのもりだ。
てを はなしたら くわれちまう！」

♣

そうぞうして よみましょう

おんどく ① ② ③ ④ ⑤ ⑥ ⑦ ⑧　あんしょう　月《がつ》　日《にち》

♣

なにしろ まっくらやみの よる、おたがいの すがたは まったく みえません。

おおかみは どろぼうを のせて、どこまでも にげて いきました。

ポ《ぽ》ツ《っ》ポ《ぽ》ツ《っ》、ポ《ぽ》ツ《っ》ポ《ぽ》ツ《っ》……

そらから あめが おちて きました。

おじいさんが てんじょうを みあげました。

「ほら、ふるやのもりが やって くるぞ。」

ポ《ぽ》ツ《っ》ポ《ぽ》ツ《っ》、ポ《ぽ》ツ《っ》ポ《ぽ》ツ《っ》……

てんじょうから あめが もって きます。

「ふるい いえで なにより こわいのは、この あまもりじゃよ。」

「そうそう、ふるやの もり ですねえ。」

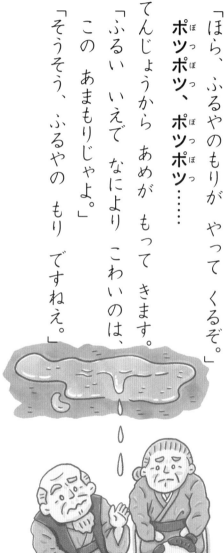

はっきりと よみましょう

いいまわし 297

おんどく ① ② ③ ④ ⑤ ⑥ ⑦ ⑧　あんしょう　月《がつ》　日《にち》

とりの ことわざ

すずめの なみだ
ほんの ちょっぴり。

つるの ひとこえ
えらい ひとの ひとこと。

たつ とり
あとを にごさず
とびたつ まえに おかたづけ。

おたのしみ

よみおわった ほんは
もとの ばしょに かたづけよう。

かえるの ことわざ

かえるの こは かえる
よく にて いる。

かえるの つらに みず
ぜんぜん きに しない。

いの なかの かわず
たいかいを しらず
そとの せかいを しらない。

ことばのちしき

「かえるの子は…」は、親子で似ていること、「かえるの面に水」は、動じない様子を表します。「井の中の…」は、井戸の中のような小さな世界しか知らないことの例えです。

『がりょう てんせい』

むかし、ちゅうごくに
すぐれた がかが いました。
ある とき、がかは、かべに
よんとうの りゅうを えがきました。
まるで いきて うごいて いるような
みごとな できばえでしたが、
どの りゅうにも ひとみが なく
しろい めの ままでした。
「なぜ、ひとみを かかないのだ?」
ひとびとが くちぐちに きくと、
がかは、へいぜんと して こう こたえたのです。
「ひとみを いれると、とびたって
てんに のぼって しまうからさ。」★

★いくらなんでも、そんな ことは あるまい、
と だれも しんじず、わらう ものも います。
「では、しかたない。」
がかは、ひとびとの まえで、
にとうの りゅうの めに、えふでで
ひとみを いれて みせました。
すると、どうでしょう。
かみなりの おとと ともに、にとうの めが
かっと ひかり、かべから ぬけでて きました。
ふるえる ひとびとを にらみつけると、
からだを くねらせながら ぐいぐいと
てんに のぼって いくでは ありませんか。
かべの えには、しろい めの
にとうの りゅうだけが のこって いました。

ことばのちしき

中国に伝わる故事です。瞳の入った竜が命を得たように、「画竜点睛」とは、物事を完成させる際の、最も大切な仕上げのこと。「睛」は瞳（黒目）のことです。

おたのしみ
ク《く》イ《い》ズ《ず》
3

いいまわし あなうめ

ほんに でてきた いいまわしだよ。□《しかく》に あう ひらがなを かんがえよう。

★からだの なまえが はいるよ。

❶ まちどおしい きもちで まつ こと。

□□を ながくする

❷ たべものを おいしいと かんじる こと。

□□に あう

❸ ひみつは もれやすい ことの たとえ。

かべに □□あり しょうじに □あり

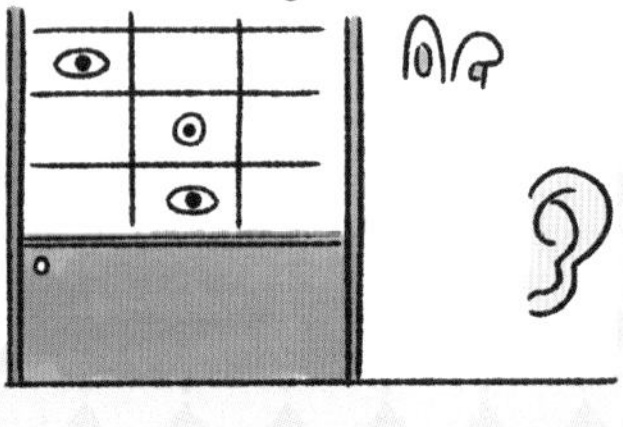

こたえ ❶ — くび（72ページ） ❷ — くち（226ページ） ❸ — みみ、め（37ページ）

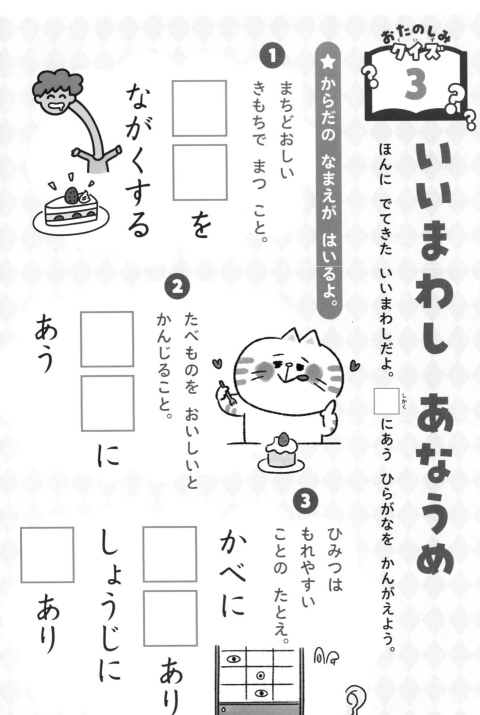

★どうぶつの なまえが はいるよ。

4

きが あう こと。

□□が
あう

5

だれも かれも
みんな。

□□も
しゃくしも

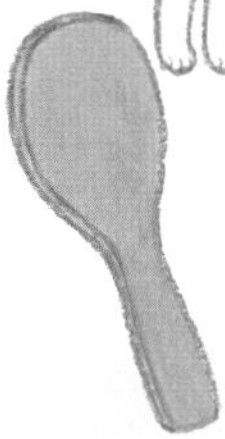

6

おやこで
よく にている こと。

□□□
の こは
□□□

❹ — うま（245ページ） ❺ — ねこ（279ページ） ❻ — かえる、かえる（321ページ）

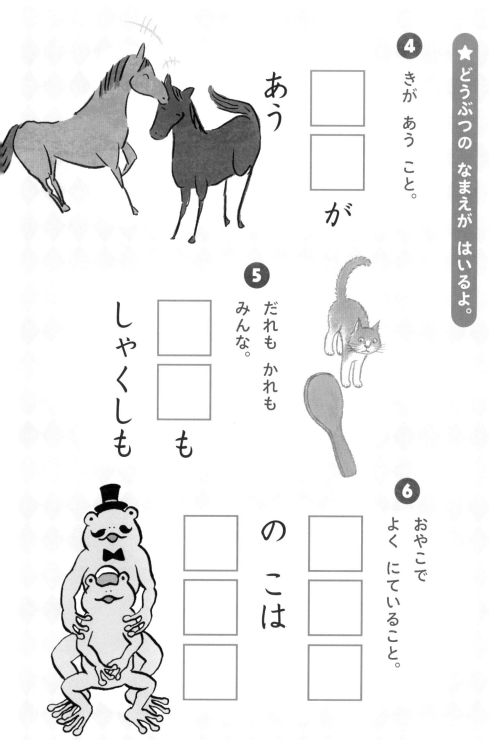

『まくらのそうし』③

＊せいしょうなごん

うつくしき もの
うりに かきたる ちごの かお。
すずめの この
ねずなきするに おどり くる。
ふたつ みつ ばかりなる ちごの、
いそぎて はいくる みちに、
いと ちいさき ちりの ありけるを、
めざとに みつけて、
いと を《お》かしげなる ゆびに とらえて、
おとななどに みせたる、
いと うつくし。

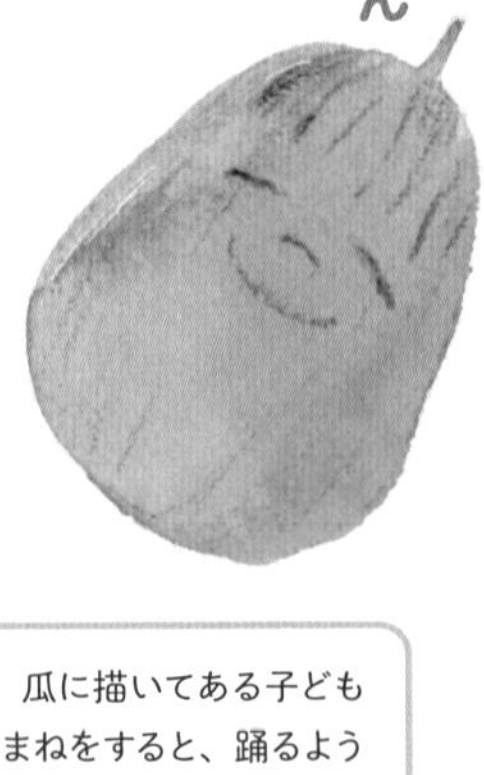

ことばのちしき

意味は、「かわいらしいもの。瓜に描いてある子どもの顔。雀《すずめ》の子にネズミの鳴きまねをすると、踊るように来る。二、三歳ぐらいの子が急いではってくる道に、小さな塵《ちり》があるのを見つけて愛らしい指につまんで大人たちに見せるのが、とてもかわいらしい」。

たんか

302

うたうように よみましょう

おんどく ① ② ③ ④ ⑤ ⑥ ⑦ ⑧　あんしょう　月《がつ》　日《にち》

うめの 花《はな》を よんだ たんか

こち ふかば
におい おこせよ
うめの はな
あるじ なしとて
はるを わするな

＊すがわらの みちざね

ひとは いさ
こころも しらず
ふるさとは
はなぞ むかしの
かに においける

＊きの つらゆき

ことばのちしき

「こちふかば」…春に東風《こち》が吹いたなら、その風に託して匂いを送っておくれ、梅の花よ。主人がいないからといって、咲く春を忘れるなよ。「ひとはいさ」…人の心は昔のままかわかりませんが、昔なじみのこの里で、花だけは昔と変わらず香っていますよ。

『せきしょう いだい』

＊にのみや そんとく

だいじを なさんと ほっせば、
小《ちい》さなる ことを、
おこたらず つとむべし。
小《しょう》 つもりて 大《だい》と なればなり。
およそ 小人《しょうじん》の つね、
大《だい》なる ことを ほっして、
小《ちい》さなる ことを おこたり、
できがたき ことを うれいて、
できやすき ことを つとめず。
それ ゆえ、ついに 大《だい》なる ことを
なす こと あたわず。

ことばのちしき

「積小《せきしょう》為《い》大《だい》」は、思想家・二宮尊徳（金次郎）の言葉。日々の小さな積み重ねが、大きな成果をもたらすという意味です。捨てられていた稲の苗を植えて秋に実りを得たという、自身の経験に基づきます。

いいまわし 304

おんどく ①②③④⑤⑥⑦⑧　あんしょう　月《がつ》　日《にち》

『さんもん ごさんの きり』

ぜっけいかな
ぜっけいかな
はるの ながめは
あたい 千金《せんきん》とは
小《ちい》せえ 小《ちい》せえ
この ごえもんが 目《め》から 見《み》れば
あたい まんりょう、 まんまんりょう
ハテ《はて》、 うららかな ながめだなア《あ》

おたのしみ

「はるの ながめ」に ねだんを つけて みよう。

ことばのちしき

歌舞伎「楼門五三桐《さんもんごさんのきり》」で、大泥棒・石川五右衛門《ごえもん》が、満開の桜を前に語るセリフです。「値千金《あたいせんきん》」を超えて、「万両」の価値があるほど、美しい景色です。

『くもの 糸《いと》』②

＊あくたがわ りゅうのすけ

おしゃかさまは いけの ふちに
おたたずみに なって、
水《みず》の おもてを おおって いる
はすの はの あいだから、
ふと 下《した》の ようすを
ごらんに なりました。
この ごくらくの はすいけの 下《した》は、
ちょうど じごくの
そこに あたって おりますから、
水《すい》しょうのような 水《みず》を すきとおして、
さんずの かわや はりの 山《やま》の けしきが、
ちょうど のぞきめがねを 見《み》るように、
はっきりと 見《み》えるので ございます。★

ことばのちしき

極楽の蓮池のふちから、下にある地獄をのぞき込んだお釈迦様。カンダタという男を見つけ、彼が生前、ひとつだけよいことをした、ということを思い出します。

かんがえながら よみましょう

おんどく ①②③④⑤⑥⑦⑧　あんしょう　月《がつ》　日《にち》

★すると その じごくの そこに、
カンダタ《かんだた》という 男《おとこ》が 一人《ひとり》、
ほかの つみ人《びと》と いっしょに
うごめいて いる すがたが、
おめに とまりました。
この カンダタ《かんだた》 という 男《おとこ》は、
人《ひと》を ころしたり いえに 火《ひ》を つけたり、
いろいろ あくじを はたらいた 大《おお》どろぼうで
ございますが、 それでも たった 一《ひと》つ、
よい ことを いたした おぼえが ございます。
と もうしますのは、 ある とき この 男《おとこ》が
ふかい 林《はやし》の 中《なか》を とおりますと、
小《ちい》さな くもが 一《いっ》ぴき、 みちばたを
はって いくのが 見《み》えました。♥

♥そこで カンダタ《かんだた》は さっそく 足《あし》を あげて、ふみころそうと いたしましたが、
「いや、いや、これも 小《ちい》さいながら、いのちの ある ものに ちがいない。その いのちを むやみに とると いう ことは、いくらなんでも かわいそうだ。」
と、こう きゅうに おもいかえして、とうとう その くもを ころさずに たすけて やったからで ございます。
おしゃかさまは じごくの ようすを ごらんに なりながら、この カンダタ《かんだた》には くもを たすけた ことが あるのを おもい出《だ》しに なりました。♣

そうして それだけの よい ことを
した むくいには、できるなら、
この 男《おとこ》を じごくから
すくい出《だ》して やろうと
おかんがえに なりました。
さいわい、そばを 見《み》ますと、
ひすいのような 色《いろ》を した はすの
はの 上《うえ》に、ごくらくの くもが 一《いっ》ぴき、
うつくしい ぎんいろの 糸《いと》を かけて おります。
おしゃかさまは その くもの 糸《いと》を
そっと お手《て》に おとりに なって、
玉《たま》のような 白《しろ》はすの あいだから、
はるか 下《した》に ある じごくの そこへ、
まっすぐに それを おおろし なさいました。

おたのしみ
くもの 糸《いと》を
たらしたのは
どうして？

『ちょうさん ぼし』

むかし、ちゅうごくに さるおじさんと
よばれて いる 人《ひと》が いました。
さるおじさんは、さるが だいすきで、
たくさん かって いました。
そして、じぶんの たべものを へらしても、
さるには じゅうぶんな たべものを
あたえて いました。
ところが、おじさんは だんだん びんぼうに なり、
さるの えさにも こまるように なりました。
「さて、かわいい さるたちの えさを
どうしたら いいのだろう。」
おじさんは、おもいなやむように なりました。
「えさを すこし、へらすしか ないだろうか。」
★

かんがえながら よみましょう

めいさく 310

おんどく 1 2 3 4 5 6 7 8　あんしょう　月《がつ》　日《にち》

おじさんは、どんぐりの 入《はい》った
ふくろを のぞきこみながら かんがえこみました。
「でも、おなか いっぱい たべさせないと、
さるが かわいそうだ。」
しかし、どんぐりは へるばかり。
そこで ある日《ひ》、おじさんは さるたちに いいました。
「おまえたち、すまないが、
えさを 一《いっ》ぴき あたり、あさは 三《みっ》つ、
日《ひ》ぐれには 四《よっ》つずつに するけれど、
いいだろうか。」
すると、さるたちは、がやがやと さわぎ 出《だ》しました。
「なにか もんくが あるのか。」
おじさんが きくと、一《いっ》ぴきの さるが いいました。
「それじゃあ、おなかが すいて がまんできないよ。」

おたのしみ

一日《いちにち》に たべられる どんぐりは いくつ？

かんがえながら よみましょう

めいさく 311

おんどく ①②③④⑤⑥⑦⑧　あんしょう 月《がつ》 日《にち》

「そんな ことを いっても、どんぐりが
ないのだから しかたないじゃ ないか。」
しかし、さるたちは さわぐのを やめません。
おじさんは、いい ことを おもいつきました。
「それじゃあ こう しよう。あさは 四《よっ》つ、
日《ひ》ぐれには 三《みっ》つで どうかな。」
さるたちは、かおを 見《み》あわせました。
「それなら いいよ。あさに 四《よっ》つも たべれば、
おなかが いっぱいに なりそうだ。」
一《いっ》ぴきの さるが いうと、ほかの さるも、
「いいよ。いいよ。」
と、いいだしました。
　おじさんは ほっとして、そばに いた
子《こ》ざるを だきしめて、あたまを なでました。

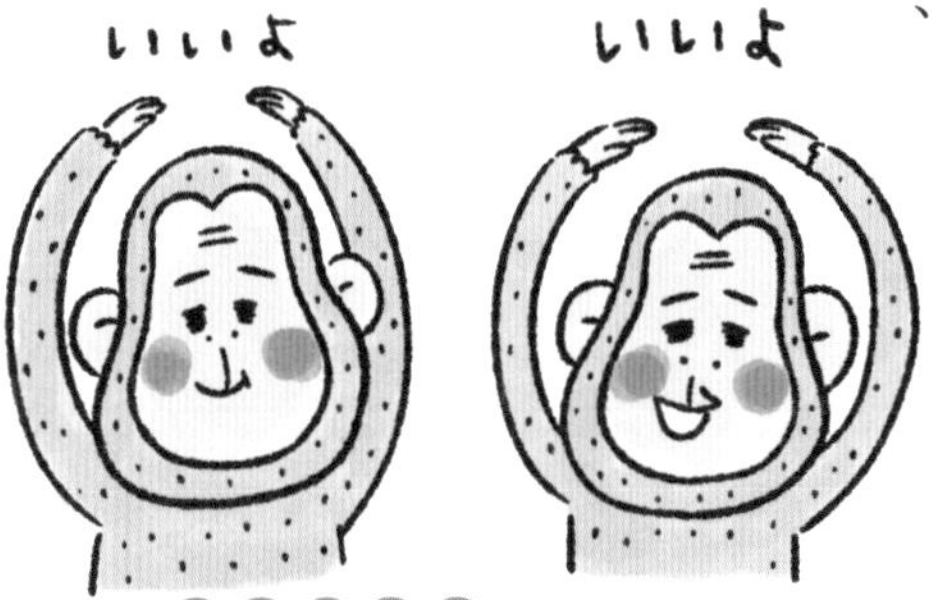

おたのしみ

たべられる　どんぐりの
かずは、ふえたのかな？

はっきりと よみましょう

いいまわし 312

おんどく ① ② ③ ④ ⑤ ⑥ ⑦ ⑧　あんしょう 月《がつ》 日《にち》

むだな ものの ことわざ

おびに みじかし
たすきに ながし

おびにも たすきにも
つかえない。

やすものがいの
ぜに うしない

つかえなければ いみが ない。

つきよに ちょうちん

あかるい よるには いみが ない。

おたのしみ

おもいあたる　むだな
ものは　ある？

リズム《りずむ》よく よみましょう

ことばあそび 313

おんどく ① ② ③ ④ ⑤ ⑥ ⑦ ⑧　あんしょう　月《がつ》　日《にち》

『さかな づくし』

いわして おけば
いいだこ おもい
さめざめの **あんこう** ぞうごん
いなだ **ぶり**だと **あなご**って
よく い**たい** **めざし**に **あわび**たな
さば **あさり**ながら
たら **このわた**に かえると
いうは に**くじら**しい
せめてもの はら**いせえび**に
この ひと**たちうお**を
かまして **やりいか**

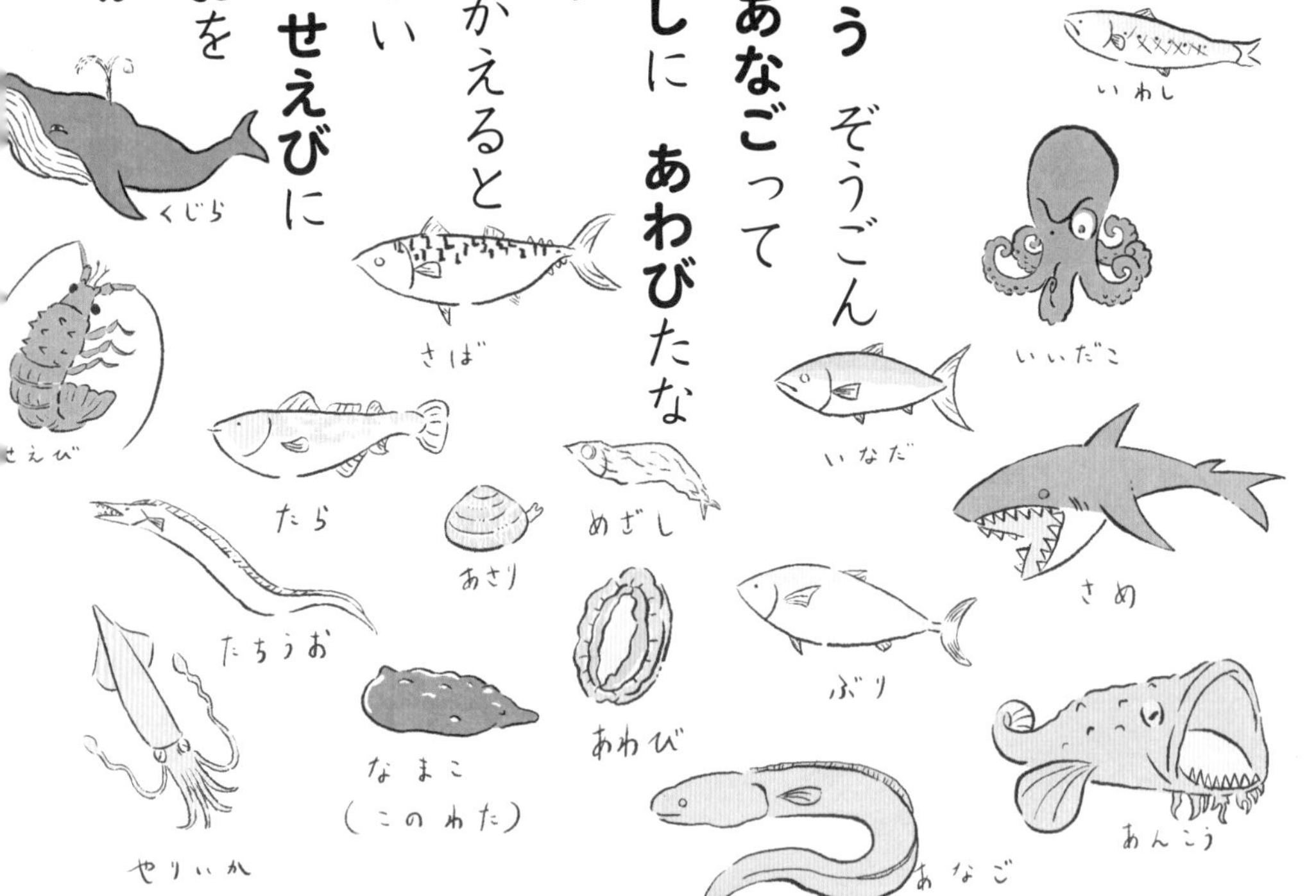

おたのしみ

ぶんの　なかには　いて、
えには　いない　さかなは？

ことばのちしき

歌舞伎『義経千本桜《よしつねせんぼんざくら》　渡海屋《とかいや》の場』に登場する、相模五郎《さがみごろう》と入江丹蔵《いりえたんぞう》のセリフです。魚の名が随所に散りばめられ、シャレが効いています。

『いしゃ ちがい』

いしゃが みちを あるいて いると、

「もしもし、いしゃどの。」

と、おじぞうさまに よびとめられました。

「はい、なにか ごようですか？」

「わしの はなを みて くれないか。

いたくて たまらん。」

いわれて みると、たしかに
おじぞうさまの はなが かけて います。

「これは、とても
わたしの 手《て》に おえません。」

「しかし、おぬしは いしゃで あろう。」

「この けがは いしゃでは なく、
いしやに みて もらって くだされ。」

おたのしみ
「いしや」にしか
なおせないのは なぜ？

『ちゅうもんの おおい りょうりてん』①

*みやざわ けんじ

二人《ふたり》の わかい しんしが、ぴかぴかする
てっぽうを かついで、だいぶ 山《やま》おくの、木《こ》のはの
かさかさ した とこを、あるいて おりました。
それは だいぶの 山《やま》おくでした。
あんないして きた せんもんの てっぽううちも、
ちょっと まごついて、どこかへ いって
しまった くらいの 山《やま》おくでした。
はじめの しんしは、すこし かおいろを
わるく して、じっと、もひとりの しんしの、
かおつきを 見《み》ながら いいました。
「ぼくは もう もどろうと おもう。」
「さあ、ぼくも ちょうど さむくは なったし
はらは すいて きたし もどろうと おもう。」
☆

ことばのちしき

賢治の代表作、『注文の多い料理店』の冒頭です。森に狩りに来た青年二人が、一軒のレストランを見つけますが……。冒頭から、不思議な空気が漂います。

かんがえながら よみましょう

おんどく ① ② ③ ④ ⑤ ⑥ ⑦ ⑧　あんしょう　月《がつ》　日《にち》

★ところが　どうも　こまった　ことは、
どっちへ　いけば　もどれるのか、いっこうに
けんとうが　つかなく　なって　いました。
かぜが　どうと　ふいて　きて、
草《くさ》は　ざわざわ、木《こ》のはは　かさかさ、
木《き》は　ごとんごとんと　なりました。
「どうも　はらが　すいた。
さっきから　よこっぱらが
いたくて　たまらないんだ。」
「ぼくも　そうだ。
もう　あんまり　あるきたく　ないな。」
「あるきたく　ないよ。
ああ　こまったなあ、
なにか　たべたいなあ。」
「たべたい　もんだなあ。」♥

おたのしみ

「ごとん　ごとん」と　なったのは　なに？

♥二人《ふたり》の しんしは、ざわざわ なる
すすきの 中《なか》で、こんな ことを いいました。
そのとき ふと うしろを 見《み》ますと、
りっぱな 一《いっ》けんの せいようづくりの
いえが ありました。
そして げんかんには

せいよう りょうりてん
山《やま》ねこけん

と いう ふだが でて いました。
「きみ、ちょうど いい。
ここは これで なかなか ひらけてるんだ。
入《はい》ろうじゃ ないか。」♣

かんがえながら よみましょう

おんどく ①②③④⑤⑥⑦⑧　あんしょう 月《がつ》 日《にち》

♧

「おや、こんな ところに おかしいね。しかし
とにかく なにか しょくじが できるんだろう。」
「もちろん できるさ。
かんばんに そう かいて あるじゃないか。」
「はいろうじゃないか。
ぼくは もう なにか たべたくて
たおれそうなんだ。」
二人《ふたり》は げんかんに 立《た》ちました。
げんかんは 白《しろ》い せとの れんがで くんで、
じつに りっぱな もんです。
そして ガラス《がらす》の ひらきどが たって、
そこに 金《きん》文《も》字《じ》で こう かいて ありました。

どなたも どうか お入《はい》り ください。
けっして ごえんりょは ありません

どなたも
どうか
おはいりください
けっして
ごえんりょは
ありません

おたのしみ
どんな メニュー《めにゅう》が
あると おもう？

『はしれ メロス《めろす》』②

＊だざい おさむ

「ただ、わたしに なさけを かけたい
つもりなら、しょけいまでに
三日《みっか》かんの 日《にち》げんを あたえて ください。
たった 一人《ひとり》の いもうとに、
ていしゅを もたせて やりたいのです。
三日《みっか》の うちに、わたしは 村《むら》で
けっこんしきを あげさせ、
かならず、ここへ かえって きます。」
「ばかな。」と ぼうくんは、
しわがれた こえで ひくく わらった。
「とんでもない うそを いうわい。
にがした 小《こ》とりが
かえって くると いうのか。」★

ことばのちしき

自分の処刑を承知のうえで、妹の結婚式のために親友を人質に差し出すメロス。メロスと、人の心が信じられない王とのやりとりを描く場面です。

こころを こめて よみましょう

めいさく 320

おんどく ① ② ③ ④ ⑤ ⑥ ⑦ ⑧　あんしょう　月《がつ》　日《にち》

「そうです。かえって くるのです。」
メロス《めろす》は ひっしで いいはった。
「わたしは やくそくを まもります。
わたしを、三日《みっか》かんだけ ゆるして ください。
いもうとが、わたしの かえりを まって いるのだ。
そんなに わたしを しんじられないならば、
よろしい、この しに セリヌンティウス《せりぬんていうす》と
いう いしくが います。
わたしの むにの ゆうじんだ。
あれを、人《ひと》じちとして ここに おいて いこう。
わたしが にげて しまって、三日目《みっかめ》の
日《ひ》ぐれまで、ここに かえって こなかったら、
あの ゆうじんを しめころして ください。
たのむ、そう して ください。」

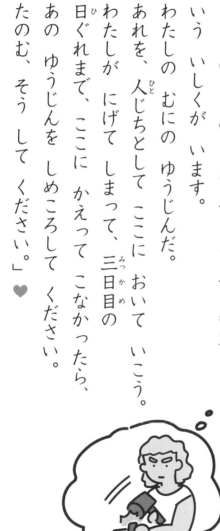

こころを こめて よみましょう

めいさく 321

おんどく ① ② ③ ④ ⑤ ⑥ ⑦ ⑧　あんしょう　月《がつ》　日《にち》

それを きいて 王《おう》は、ざんぎゃくな
気《き》もちで、そっと ほくそえんだ。
なまいきな ことを いうわい。
どうせ かえって こないに きまって いる。
この うそつきに だまされた ふりして、
はなして やるのも おもしろい。
そうして みがわりの 男《おとこ》を、三日目《みっかめ》に
ころして やるのも きみが いい。
人は、これだから しんじられぬと、
わしは かなしい かお して、
その みがわりの 男《おとこ》を
たっけいに しょして やるのだ。
よの中《なか》の、しょうじきものとか いう やつばらに
うんと 見《み》せつけて やりたい ものさ。

こころを こめて よみましょう

おんどく ① ② ③ ④ ⑤ ⑥ ⑦ ⑧　あんしょう　月《がつ》　日《にち》

『ひとつの ことば』

＊きたはら はくしゅう

ひとつの ことばで けんかして
ひとつの ことばで なかなおり
ひとつの ことばで あたまが 下《さ》がり
ひとつの ことばで こころが いたむ
ひとつの ことばで たのしく わらい
ひとつの ことばで なかされる
ひとつの ことばは それぞれに
ひとつの こころを もって いる
きれいな ことばは きれいな こころ
やさしい ことばは やさしい こころ
ひとつの ことばを たいせつに
ひとつの ことばを うつくしく

おたのしみ
いわれると
うれしい ことばは？

『ろんご』③

＊こうし

おのれの
ほっせざる ところは
人《ひと》に ほどこす なかれ

じぶんが いやだと おもう ことは 人《ひと》に しない こと。

いつも、「おもいやり」の 気《き》もちを わすれずに。

ゆっくりと よみましょう

おんどく ①②③④⑤⑥⑦⑧　あんしょう　月《がつ》　日《にち》

『ろんご』④　＊こうし

あやまちて
あらためざる、
これを　あやまちと　いう

だれにでも　まちがう　ことは　ある。
まちがいは　すぐに　なおす　こと。
まちがっても　なおさないのが　まちがいだ。

おたのしみ

まちがえた　ときは、
どうして　まちがえたのか
かんがえて　みよう。

たのしく よみましょう

めいさく 325

おんどく ①②③④⑤⑥⑦⑧　あんしょう　月《がつ》　日《にち》

『かい人《じん》 二十《にじゅう》めんそう』

＊えどがわ らんぽ

その ころ、とうきょう中《じゅう》の 町《まち》と いう 町《まち》、
いえと いう いえでは、
ふたり いじょうの 人《ひと》が
かおを あわせさえ すれば、
まるで お天気《てんき》の あいさつでも するように、
かい人《じん》「二十《にじゅう》めんそう」の うわさを して いました。
「二十《にじゅう》めんそう」と いうのは、
まい日《にち》 まい日《にち》、
しんぶんきじを にぎわして いる、
ふしぎな とうぞくの あだ名《な》です。
その ぞくは、二十《にじゅう》の まったく ちがった
かおを もって いる と いわれて いました。
つまり、へんそうが とびきり じょうずなのです。★

ことばのちしき

江戸川乱歩の子ども向け探偵小説『怪人二十面相』の冒頭です。老人、若者、学者、無頼漢《ぶらいかん》（無法な者）、そして女性にさえなりきる、不思議な泥棒の物語です。

たのしく　よみましょう

めいさく 326

おんどく　1 2 3 4 5 6 7 8　　あんしょう　月《がつ》　日《にち》

★どんなに　あかるい　ばしょで、
どんなに　ちかよって　ながめても、
すこしも　へんそうとは　わからない、
まるで　ちがった　人《ひと》に　見《み》えるのだそうです。
ろうじんにも　わかものにも、
がくしゃにも　ぶらいかんにも、
いや、女《おんな》にさえも、
まったく　その　人《ひと》に　なりきって　しまう　ことが
できると　いいます。
　では、その　ぞくの　ほんとうの　年《とし》は　いくつで、
どんな　かおを　して　いるのかと　いうと、
それは、だれ　ひとり　見《み》た　ことが　ありません。

おたのしみ
かい人《じん》は　いくつの
かおを　もって　いる？

『ゆきおんな』

木《き》こりの みのきちと ちちおやの しげさくが 山《やま》で 木《き》を きって いると、きゅうに ゆきが ふぶいて きました。二人《ふたり》は、山《やま》ごやで いろりに あたるうちに、ねむって しまいました。

ふっと みのきちが 目《め》を さますと、まっ白《しろ》な きものを きた 女《おんな》が 立《た》って います。女《おんな》が いきを ふきかけると、しげさくは、たちまち こおりつきました。みのきちは こえが だせず、からだも うごかせません。

白《しろ》い女《おんな》は、みのきちの ほうに ちかづいて きました。

「おまえは たすけて あげよう。ただ、こんやの ことは だれにも はなしては いけないよ。やくそくを やぶったら いのちを もらうからね。」★

★
そう　いうと、女《おんな》の　すがたは、
ゆきの　中《なか》へ　すうっと　きえました。
つぎの　ふゆ、ゆきの　よるに、
とびらを　たたく　音《おと》が　しました。
「たびの　ものですが、みちに　まよって
おります。おたすけ　ください。」
うつくしい　むすめです。
みのきちは、気《き》のどくに　おもいました。
「それは　かわいそうに。さあ　入《はい》りなされ。」
「ありがとうございます。わたしは　ゆきと　もうします。
みよりも　なく、いく　あても　なくて、
こうして　たびを　つづけて　いるのです。」
「そうか。うちで　よければ、
ここに　いても　いいのだよ。」

おたのしみ
むすめが　だれなのか、
かんがえて　みよう。

気《き》立《だ》ての よい ゆきを、
みのきちは すっかり気《き》にいり、
およめさんに なって もらいました。
やがて、子《こ》どもも うまれて、
いえは にぎやかに なりました。
それから なん年《ねん》か たった、ふぶきの よる、
みのきちの むねには、あの山《やま》の ことが
よみがえって きました。
「あの 白《しろ》い 女《おんな》は、おまえに よく にていたなあ。」
みのきちが つぶやくと、ゆきは ききました。
「その 女《おんな》とは？」
「ずっと まえ、ちちおやの しげさくが、
白《しろ》い女《おんな》に いきを ふきかけられて しんだのだ。
あれは ゆきおんな だったのかもしれない。」

すると、ゆきは しずかに 立《た》ち上《あ》がりました。
「『だれにも はなしては いけない』と
いいませんでしたか。」
ゆきの からだは、まっ白《しろ》に なりました。
「わたしが、あの ときの 女《おんな》です。
でも、いまは あなたの いのちは うばいません。
子《こ》どもが いますから。
『子《こ》どもを、たいせつに そだてる』と、ちかいなさい。」
みのきちは、ふるえながら さけびました。
「いかないで おくれ、おゆき！」
「こんどこそ やくそくを まもって
くださいね。さもないと……。」
そして、ゆきは、あの ときの ように
きえて しまいました。

『だいくと おにろく』

ある 村《むら》に、たいへん 水《みず》の ながれが はやい
川《かわ》が ありました。その ため、いくら はしを
かけても、すぐに ながされて しまうのです。
こまった 村人《むらびと》たちは、うでの いい だいくに
じょうぶな はしを かけて くれるよう おねがいしました。
だいくは さっそく、川《かわ》を 見《み》に いきました。
川《かわ》は ごうごうと 音《おと》を たて、
ものすごい いきおいで ながれて います。
「かんたんに ひきうけて しまったが、
はしを かけるのは むずかしいぞ。」
うでぐみを して かんがえて いると、
川《かわ》の 水《みず》が とつぜん もち上《あ》がり、
中《なか》から 大《おお》きな おにが あらわれました。★

たのしく よみましょう

めいさく 332

おんどく ① ② ③ ④ ⑤ ⑥ ⑦ ⑧　あんしょう 月《がつ》 日《にち》

おどろく だいくに、おには いいました。
「だいくよ。いったい どうしたと いうんだね。」
「この川《かわ》に はしを かけたいのですが、
こう ながれが はやくっちゃあ むずかしいなと
おもって いた ところでして……。」
「よし、それなら ひとつ、
わしが はしを かけて やろうじゃないか。」
おにの おもわぬ ていあんに、
だいくは 目《め》を まるく しました。
「ただし、その 目玉《めだま》を、わしに くれるならな。」
「目玉《めだま》を？ まぁ、はしを かけて くれるなら
いいでしょう。」
「よし、やくそくだぞ。
あした、もう 一《いち》ど ここへ くるが いい。」

♥
つぎの 日《ひ》、
だいくが 川《かわ》へ いって みると、
たしかに りっぱな はしが かかって います。
すると ふたたび、川《かわ》の 中《なか》から
おにが あらわれました。
「さぁ、おまえさんの 目玉《めだま》を もらおうか。」
「ま、まってください。
やっぱり 目玉《めだま》を あげるのは こまります。
ほかに なにか ありませんか。」
「よし、それなら
わしの 名《な》まえを あててみろ。
もし あたったら
目玉《めだま》を もらうのは やめておこう。」
「わかりました。では また あした。」
♣

たのしく よみましょう

めいさく 334

おんどく ①②③④⑤⑥⑦⑧　あんしょう　月《がつ》　日《にち》

♧
だいくが　一生《いっしょう》けんめい　かんがえながら
あるいて　いくと、いつしか　森《もり》の
おく　ふかくまで　きて　いました。
ふと、耳《みみ》を　すますと、どこからか
こんな　うたごえが　きこえて　きます。

おにろく　おにろく　おにろくよ
早《はや》く　目《め》ん玉《たま》　もってこい

うたって　いたのは、おにの　子《こ》どもたちでした。
「そうか、おにの　名《な》まえは……。」
つぎの　日《ひ》、だいくは　おにに　あうと　いいました。
「あなたの　名《な》まえは、おにろくですね。」
その　とたん、おには　ぱっと　きえて
いなくなりました。あとに　のこった　はしは、
いつまでも　だいじに　つかわれました。

おたのしみ
おにの　名《な》まえが
わかったのは　なぜ？

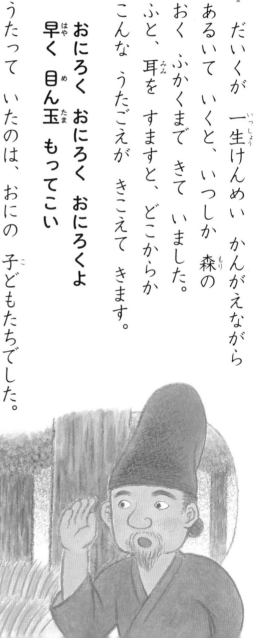

そうぞうして よみましょう

おんどく ①②③④⑤⑥⑦⑧　あんしょう　月《がつ》　日《にち》

おもいが あふれる たんか

つくばねの
みねより おつる
みなのがわ
こいぞ つもりて
ふちと なりぬる

＊ようぜいいん

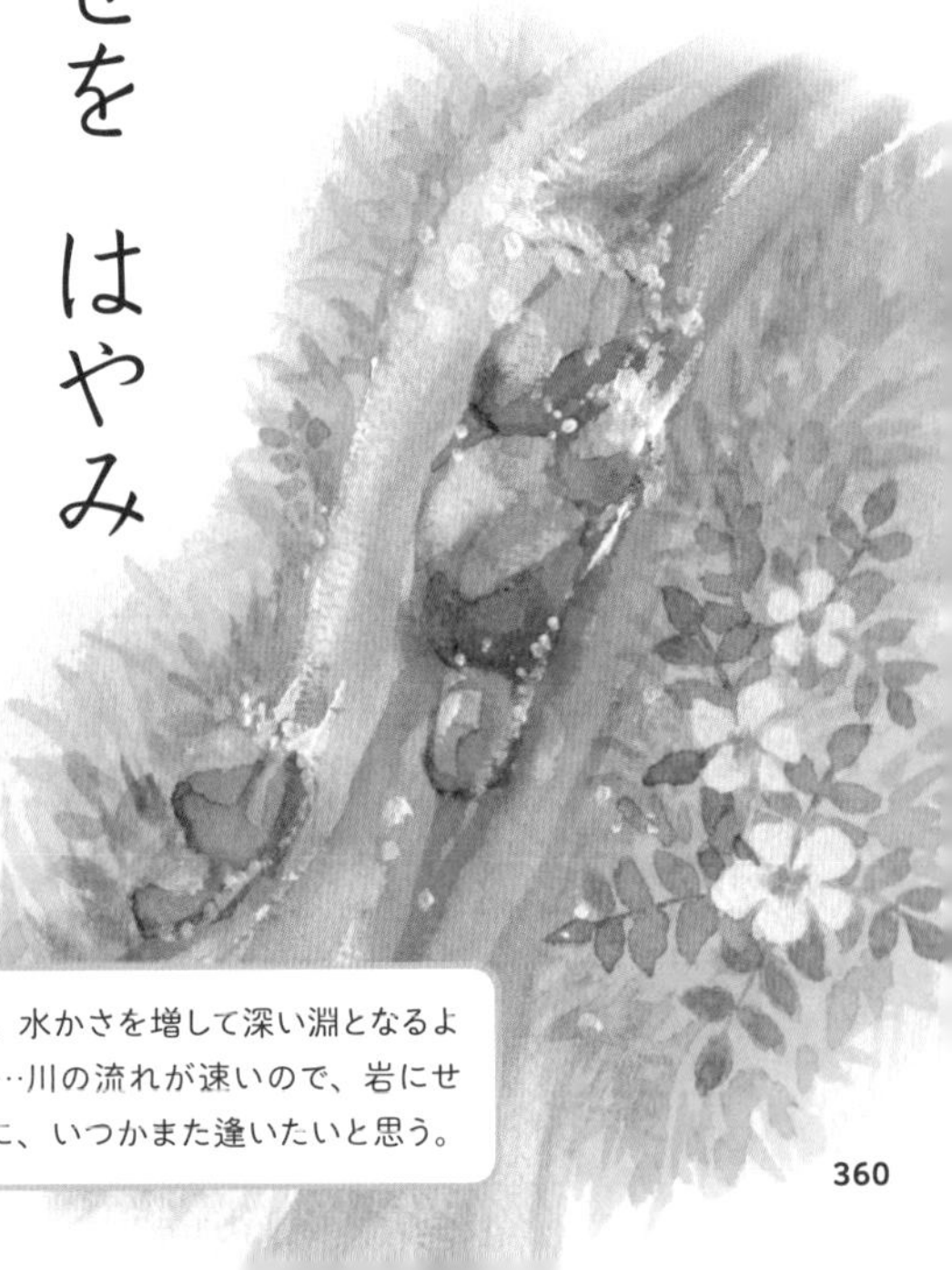

せを はやみ
いわに せかるる
たきがわの
われても すえに
あわんとぞ おもう

＊すとくいん

ことばのちしき

「つくばねの」…筑波山《つくばやま》の嶺から流れる男女川《みなのがわ》が、水かさを増して深い淵となるように、私の恋心もつのっている。「せをはやみ」…川の流れが速いので、岩にせき止められた急流が分かれてもひとつになるように、いつかまた逢いたいと思う。

『おくの ほそみち』

＊まつお ばしょう

月日《つきひ》は はくたいの かかくに して、
ゆきかう 年《とし》も
また たび人《びと》なり。
ふねの 上《うえ》に
しょうがいを うかべ、
うまの 口《くち》 とらえて
おいを むかうる ものは、
日《ひ》び たびに して
たびを すみかと す。

おたのしみ

たびに 出《で》るなら
どこに いきたい？

ことばのちしき

意味は、「月日は永遠の旅人であり、来ては去っていく年もまた旅人だ。船の上で一生を送る者、馬を引いて老いを迎える者は、旅そのものをすみかにしている」。

そうぞうして よみましょう

おんどく ①②③④⑤⑥⑦⑧　あんしょう 月《がつ》 日《にち》

『りょじょう』

＊はぎわら さくたろう

ふらんすへ ゆきたしと おもえども
ふらんすは あまりに とおし
せめては あたらしき せびろを きて
きままなる たびに いでてみん。
きしゃが 山《やま》みちを ゆく とき
みずいろの まどに よりかかりて
われ ひとり
うれしき ことを おもわん
五《ご》月《がつ》の あさの しののめ
うらわか草《くさ》の もえいづる
こころまかせに。

おたのしみ

あなたが いきたい
くには どこ？

ことばのちしき

タイトルの漢字表記は『旅上』。「東雲《しののめ》」とは、明け方の東の空にたなびく雲のこと。五月の美しい新緑の中、汽車で旅する詩人は、遠い外国のことを思います。

『そぞろごと』

＊よさの あきこ

山《やま》の うごく 日《ひ》 きたる。
かく いえども
人《ひと》 われを しんぜじ。
山《やま》は しばらく ねむりしのみ。
その むかしに おいて
山《やま》は みな
火《ひ》に もえて うごきし ものを。
されど、そは しんぜずとも よし。
人よ、ああ、ただ これを しんぜよ。
すべて ねむりし 女《おなご》
いまぞ 目《め》ざめて うごくなる。

ことばのちしき

歌人・与謝野晶子は、女性のための社会運動にもかかわりました。「山の動く日」は女性たちが社会で活躍する日を、「火」は心に燃える火を暗示するようです。

かんがえながら よみましょう

めいさく 339

おんどく ① ② ③ ④ ⑤ ⑥ ⑦ ⑧　　あんしょう　月《がつ》　日《にち》

『ちゅうもんの おおい りょうりてん』②

＊みやざわ けんじ

「いろいろ ちゅうもんが おおくて
うるさかったでしょう。
お気《き》のどくでした。
もう これだけです。
どうか からだ中《じゅう》に、
つぼの 中《なか》の しおを たくさん
よく もみこんで ください。」
なるほど りっぱな 青《あお》い
せとの しおつぼは おいて ありましたが、
こんどと いう こんどは
二人《ふたり》とも ぎょっと して
おたがいに クリーム《くりいむ》を たくさん ぬった
かおを 見《み》あわせました。★

いろいろ ちゅうもんが
おおくて
うるさかったでしょう。
おきのどく でした。
もう これだけです。
どうか からだじゅうに
つぼの 中の しおを
たくさん よく
もみこんで ください。

ことばのちしき

料理店からの注文の通りに、鉄砲を置き、帽子とコートを脱ぎ、クリームや酢の匂いのする香水を体につけた二人の青年。とうとう、何かおかしいと気づきます。

★

「どうも　おかしいぜ。」

「ぼくも　おかしいと　おもう。」

「たくさんの　ちゅうもんと　いうのは、むこうが　こっちへ　ちゅうもん　してるんだよ。」

「だからさ、せいようりょうりてんと　いうのは、ぼくの　かんがえる　ところでは、せいようりょうりを、きた　人《ひと》に　たべさせるのでは　なくて、きた　人《ひと》を　せいようりょうりに　して、たべてやる　うちと　こう　いう　ことなんだ。これは、その、つ、つ、つ、つまり、ぼ、ぼ、ぼくらが……。」

がたがた　がたがた、ふるえだして　もう　ものが　いえませんでした。

♥

その とき うしろから いきなり、
「わん、わん、ぐゎあ。」
と いう こえが して、
あの 白《しろ》くまの ような 犬《いぬ》が 二《に》ひき、
とを つきやぶって へやの 中《なか》に
とびこんで きました。
犬《いぬ》どもは ううと うなって しばらく
へやの 中《なか》を くるくる まわって
いましたが、 また 一《ひと》こえ
「わん。」
と たかく ほえて、
いきなり つぎの とに とびつきました。
とは がたりと ひらき、 犬《いぬ》どもは
すいこまれるように とんで いきました。

♣ とのむこうの まっくらやみの なかで、
「にゃあお、くわあ、ごろごろ。」
と いう こえが して、
それから がさがさ なりました。
へやは けむりのように きえ、
二人《ふたり》は さむさに ぶるぶる ふるえて、
草《くさ》の 中《なか》に 立《た》って いました。
見《み》ると、うわぎや くつや
さいふや ネクタイピン《ねくたいぴん》は、
あっちの えだに ぶらさがったり、
こっちの ねもとに ちらばったり
して います。
かぜが どうと ふいてきて、
草《くさ》は ざわざわ、木《こ》のはは かさかさ、
木《き》は ごとんごとんと なりました。

おたのしみ
との むこうには、
なにが いたのだろう。

たのしく よみましょう

めいさく
343

おんどく ①②③④⑤⑥⑦⑧　あんしょう 月《がつ》 日《にち》

『ヤマタノオロチ《やまたのおろち》』

むかし むかし、スサノオ《すさのお》と いう
かみさまが、いずもの くにの 川《かわ》の そばを
あるいて いますと、しょくじの ときに つかう
はしが ながれて きました。
その 先《さき》には、一《いっ》けんの いえが あり、
じいと ばあが うつくしい しょうじょを
まん中《なか》に おいて ないて いました。
「なぜ ないて おる。」
スサノオ《すさのお》が たずねると、じいが いいました。
「わたしどもには 八人《はちにん》の むすめが ありましたが、
ヤマタノオロチ《やまたのおろち》と いう かいぶつに
まい年《とし》 むすめを たべられ、
とうとう この子 一人《ひとり》に なって しまいました。」

ことばのちしき

須佐之男命《すさのおのみこと》と怪物・八岐大蛇《やまたのおろち》の戦いを描いた日本神話です。出雲国《いづものくに》は、現在の島根県。最後に登場する剣は「天叢雲剣《あまのむらくものつるぎ》」と呼ばれ、三種の神器のひとつです。

たのしく よみましょう

めいさく 344

おんどく ①②③④⑤⑥⑦⑧　あんしょう　月《がつ》　日《にち》

「このクシナダヒメ《くしなだひめ》も
きょうには　たべられて　しまいます。」
「ひどい　はなしだ。よし、わたしが
その　ヤマタノオロチ《やまたのおろち》とやらを
たいじして　あげましょう。」
スサノオ《すさのお》は　そう　いうと、
クシナダヒメ《くしなだひめ》を　小《ちい》さな　くしに　かえ、
じぶんの　かみに　さして　かくしました。
そして、じいと　ばあに　いいました。
「つよい　おさけを　つくって　ください。
それから　いえの　まわりに
八《やっ》つの　もんを　つくって、
その　もんに　一《ひと》つずつ
さかだるを　おいて　ください。」

おたのしみ

クシナダヒメ《くしなだひめ》が
かくれたのは　どこ？

じいと ばあは、いわれた とおりの
したくを ととのえました。
やがて、ごごごーっと、
ものすごい じひびきが して、
ヤマタノオロチ《やまたのおろち》が あらわれました。
一《ひと》つの からだに 八《やっ》つの あたま、
からだ中《じゅう》に こけが はえ、
まっかな 目《め》は ぎらぎら ひかって います。
その 大《おお》きさと いったら、
八《やっ》つの たに、八《やっ》つの みねに またがるほど。
ヤマタノオロチ《やまたのおろち》は さけの においを
かぎつけると、八《やっ》つの もんの さかだるに
八《やっ》つの あたまを つっこみ、
ごくごくと さけを のみだしました。

たのしく よみましょう

めいさく 346

おんどく ① ② ③ ④ ⑤ ⑥ ⑦ ⑧　あんしょう　月《がつ》　日《にち》

♣

それは　とても　つよい　さけで、
さすがの　かいぶつも　よっぱらって　しまいました。
「よし、いまだ！」
スサノオ《すさのお》は　つるぎを　ぬき、
八《やっ》つの　あたまと　八《やっ》つの　しっぽを
つぎつぎに　きりおとしました。
すると、さいごに　かつっと　音《おと》が　して、
つるぎの　はが　かけました。
ふしぎに　おもって　しっぽを　きりさいて　みると、
中《なか》から　りっぱな　つるぎが　出《で》て　きました。
「これは、なんと　すばらしい　つるぎだ。
たからものと　しよう。」
かいぶつを　たいじした　スサノオ《すさのお》は、クシナダヒメ《くしなだひめ》と
けっこんして　しあわせに　くらしました。

おたのしみ

つるぎの　名《な》まえを
かんがえてみよう。

『手《て》ぶくろを かいに』②

*にいみ なんきち

　さむい ふゆが、きつねの おや子《こ》の すむ
森《もり》へも やって きました。
ある あさ、きつねの 子《こ》は、
「あっ。」と さけんで、かあさんぎつねの
ところへ ころげて きました。
「かあちゃん、目《め》に なにか ささった。」
かあさんぎつねは おどろいて 見《み》て
みましたが、目《め》には なにも ささって いません。
そとへ 出《で》ると、その わけが わかりました。
よるの うちに まっ白《しろ》な ゆきが
どっさり ふって いたのです。その ゆきに
はんしゃした おひさまの ひかりが とても まぶしかったので、
子《こ》ぎつねは 目《め》に なにか ささったと おもったのでした。★

こころを こめて よみましょう

おんどく ① ② ③ ④ ⑤ ⑥ ⑦ ⑧　あんしょう　月《がつ》　日《にち》

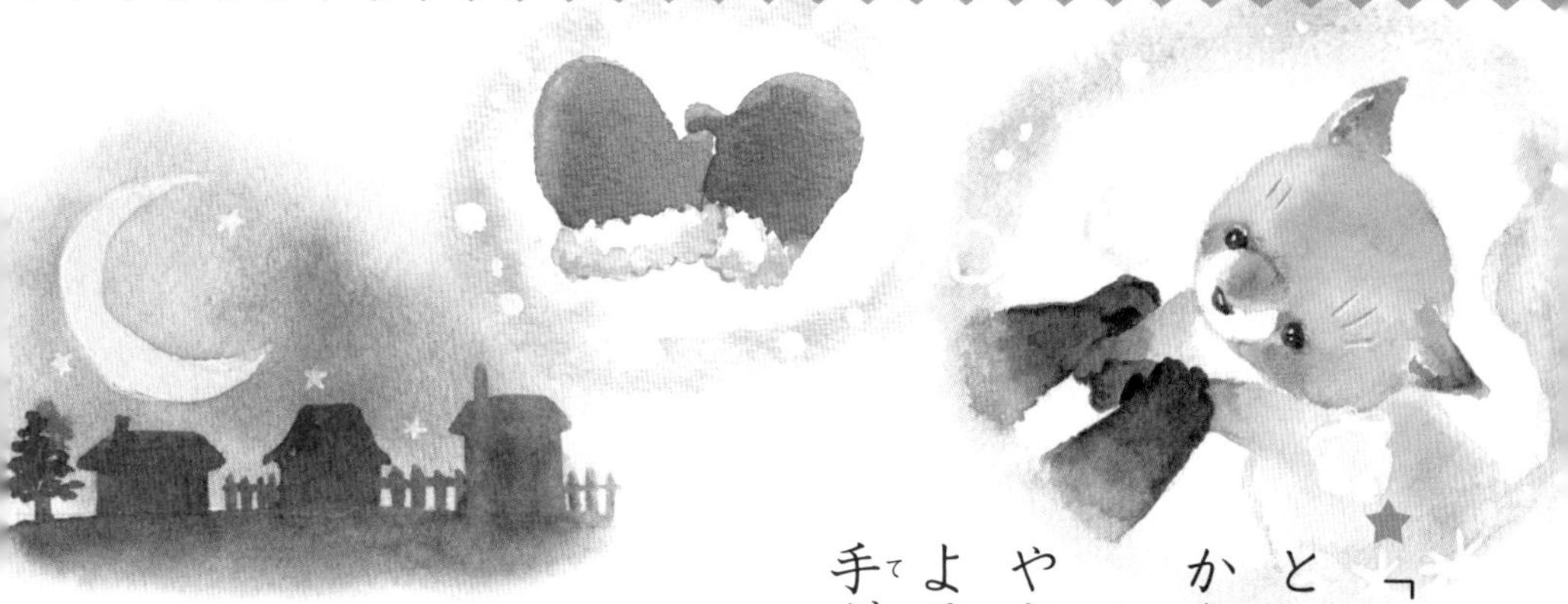

「おかあちゃん、お手《て》が つめたい。」
と いって、子《こ》ぎつねは りょう手《て》を
かあさんぎつねに さしだしました。
かあさんぎつねは、こぎつねの 手《て》を
やさしく つつんで やりながら、
よるに なったら 町《まち》まで いって、
手《て》ぶくろを かって やろうと おもいました。

やがて、よるに なりました。
けれども、かあさんぎつねは、どうしても
足《あし》が すすみません。むかし にんげんに
さんざん おいかけられて、こわい
おもいを した ことが あったのです。

そこで、しかたなく 子《こ》ぎつねを 一人《ひとり》で
町《まち》に いかせる ことに しました。

おたのしみ
きつねに 手《て》ぶくろは
かえるのかな？

「ぼうや、お手《て》てを かたほう お出《だ》し。」
と、かあさんぎつねは いうと、
子《こ》ぎつねの かたほうの 手《て》を、かわいい
にんげんの 子《こ》どもの 手《て》に かえました。
「ぼうや、これは にんげんの 手《て》よ。
町《まち》へ いったらね、まず ぼうしの かんばんの
かかって いる いえを さがすんだよ。
それが 見《み》つかったらね、トントン《とんとん》と とを
たたいて、『こんばんは』って いうのよ。
そして、との すきまから、
この にんげんの 手《て》を 入《い》れて、
『この 手《て》に ちょうど いい 手《て》ぶくろを ちょうだい』
って いうんだよ。
けっして、こっちの お手《て》てを 出《だ》しちゃ だめよ。」

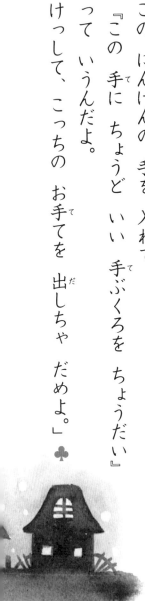

「どうして？」
「にんげんはね、あいてが きつねだと わかると、
つかまえて おりの 中《なか》に 入《い》れちゃうんだよ。
にんげんって、ほんとうに こわい ものなんだよ。」
きつねの 子《こ》は、ほしの ような 町《まち》の あかりを
たよりに あるいて いきました。
しばらく さがして いると、
とうとう かあさんぎつねが おしえて くれた、
ぼうしの かんばんを 見《み》つけました。
子《こ》ぎつねは、トントン《とんとん》と とを たたくと、
「こんばんは。」
と いいました。すると、ほんの すこしだけ
とが ひらき、中《なか》の ひかりが
白《しろ》い ゆきの 上《うえ》に のびました。◆

おたのしみ
子《こ》ぎつねの きもちを
かんがえて みよう。

その ひかりが まぶしくて、
子《こ》ぎつねは つい まちがった ほうの 手《て》を、
すきまから さしこんで しまいました。
「この お手《て》てに ちょうど いい
手《て》ぶくろ ください。」
ぼうしやさんは、子《こ》ぎつねの 手《て》を 見《み》て、
おやおやと おもいました。
木《こ》のはで つくった、にせものの お金《かね》で
かいに きたのかと おもったので、
「先《さき》に お金《かね》を ください。」
と いいました。
子《こ》ぎつねが わたした お金《かね》を あわせて みると、
チンチン《ちんちん》と よい 音《おと》が します。
どうやら ほんものの お金《かね》の ようです。

こころを こめて よみましょう

めいさく 352

おんどく ① ② ③ ④ ⑤ ⑥ ⑦ ⑧　あんしょう　月《がつ》　日《にち》

ぼうしやさんは、子《こ》どもようの 手《て》ぶくろを
とりだして、子《こ》ぎつねに もたせて やりました。
かあさんぎつねは、子《こ》ぎつねが かえって くると、
むねに だきしめて、なきたいほど よろこびました。
「かあちゃん、にんげんって
ちっとも こわかないや。
ぼく、まちがって
ほんとうの お手《て》てを 出《だ》しちゃったの。
でも、ぼうしやさん、ちゃんと こんな いい
あたたかい 手《て》ぶくろ くれたもの。」
かあさんぎつねは、
「まあ！」と あきれましたが、
「ほんとうに にんげんは いいもの かしら。
ほんとうに にんげんは いいもの かしら。」
と、つぶやきました。

おたのしみ

かあさんぎつねは
どんな　きもち
だったのかな？

『あどけない はなし』

＊たかむら こうたろう

ちえこは とうきょうに 空《そら》が ないと いう。
ほんとの 空《そら》が 見《み》たいと いう。
わたしは おどろいて 空《そら》を 見《み》る。
さくらわかばの あいだに あるのは、
きっても きれない
むかしなじみの きれいな 空《そら》だ。
どんより けむる ちへいの ぼかしは
うすもも いろの あさの しめりだ。
ちえこは とおくを 見《み》ながら いう。
あたたら山《やま》の 山《やま》の 上《うえ》に
まい日《にち》 出《で》ている 青《あお》い 空《そら》が
ちえこの ほんとの 空《そら》だと いう。
あどけない 空《そら》の はなしである。

ことばのちしき

作者が、妻の智恵子について書いた詩です。「阿多々羅山《あたたらやま》」とは、智恵子の故郷・福島にある山のこと。智恵子に関する詩を集めた詩集『智恵子抄《しょう》』の一篇です。

『草《くさ》の 名《な》』

＊かねこ みすず

人《ひと》の しってる 草《くさ》の 名《な》は、
わたしは ちっとも しらないの。
人《ひと》の しらない 草《くさ》の 名《な》を、
わたしは いくつも しってるの。
それは わたしが つけたのよ、
すきな 草《くさ》には すきな 名《な》を。
人《ひと》の しってる 草《くさ》の 名《な》も、
どうせ だれかが つけたのよ。
ほんとの 名《な》まえを しってるは、
空《そら》の お日《ひ》さま ばかりなの。
だから わたしは よんでるの、
わたし ばかりで よんでるの。

おたのしみ

草《くさ》の 名《な》まえを
かんがえて みよう。

『はしれ メロス《めろす》』③

＊だざい おさむ

メロス《めろす》は はしった。
まだ ひは しずまぬ。
さいごの しりょくを つくして、
メロス《めろす》の あたまは、からっぽだ。
なに一《ひと》つ かんがえて いない。
ただ、わけの わからぬ 大《おお》きな 力《ちから》に
ひきずられて はしった。
ひは、ゆらゆら ちへいせんに ぼっし、
まさに さいごの 一《いっ》ぺんの ざんこうも、
きえようと した とき、メロス《めろす》は しっぷうのごとく
けいじょうに とつにゅうした。まにあった。
「まて。その人《ひと》を ころしては ならぬ。
メロス《めろす》が かえって きた。
やくそくの とおり、いま、かえって きた。」★

「セリヌンティウス《せりぬんてぃうす》。」
メロス《めろす》は めに なみだを うかべて いった。
「わたしを なぐれ。
ちから一《いっ》ぱいに ほおを なぐれ。
わたしは、とちゅうで 一《いち》ど、
わるい ゆめを 見《み》た。
きみが もし わたしを なぐって
くれなかったら、わたしは きみと
ほうようする しかくさえ ないのだ。
なぐれ。」
セリヌンティウス《せりぬんてぃうす》は、
すべてを さっした ようすで うなずき、
けいじょういっぱいに なりひびくほど
音《おと》たかく メロス《めろす》の 右《みぎ》ほおを なぐった。

おたのしみ

メロス《めろす》が、「なぐれ」と いったのは どうして？

なぐってから やさしく ほほえみ、
「メロス《めろす》、わたしを なぐれ。
おなじくらい 音《おと》たかく
わたしの ほおを なぐれ。
わたしは この 三日《みっか》の あいだ、
たった 一《いち》どだけ、ちらと きみを うたがった。
生《う》まれて、はじめて きみを うたがった。
きみが わたしを なぐって くれなければ、
わたしは きみと ほうようできない。」
メロス《めろす》は うでに うなりを つけて
セリヌンティウス《せりぬんてぃうす》の ほおを なぐった。
「ありがとう、ともよ。」
二人《ふたり》 どうじに いい、ひしと だきあい、
それから うれしなきに おいおい こえを はなって ないた。

おんどく ①②③④⑤⑥⑦⑧　あんしょう　月《がつ》　日《にち》

ぐんしゅうの　中《なか》からも、きょきの　こえが　きこえた。
ぼうくんディオニス《でぃおにす》は、ぐんしゅうの
はいごから　二人《ふたり》の　さまを、
まじまじと　見《み》つめて　いたが、
やがて　しずかに　二人《ふたり》に　ちかづき、
かおを　あからめて、こう　いった。
「おまえらの　のぞみは　かなったぞ。
おまえらは、わしの　こころに
かったのだ。しんじつとは、けっして
くうきょな　もうそうでは　なかった。
どうか、わしをも　なかまに　入《い》れて　くれまいか。
どうか、わしの　ねがいを　きき入《い》れて、
おまえらの　なかまの　一人《ひとり》に　してほしい。」
どっと　ぐんしゅうの　あいだに、かんせいが　おこった。

おたのしみ

**ディオニス《でぃおにす》は　どんな
きもちだったのだろう。**

ことばのちしき

暴君ディオニスは、メロスとセリヌンティウスの友情に心を打たれ、人を信じることの貴《とうと》さに気がつきます。「歔欷《きょき》」とは、すすり泣くことです。

かんがえながら よみましょう

し・うた 359

おんどく ① ② ③ ④ ⑤ ⑥ ⑦ ⑧　あんしょう　月《がつ》　日《にち》

『きのうは どこにも ありません』

＊みよし たつじ

きのうは どこにも ありません
あちらの たんすの ひき出《だ》しにも
こちらの つくえの ひき出《だ》しにも
きのうは どこにも ありません

それは きのうの しゃしんでしょうか
そこに あなたの 立《た》って いる
そこに あなたの わらって いる
それは きのうの しゃしんでしょうか

いいえ きのうは ありません
きょうを うつのは きょうの とけい
きのうの とけいは ありません
きょうを うつのは きょうの とけい

おたのしみ

きのうは どこに いったのか、かんがえて みよう。

『あした』

＊にいみ なんきち

花《はな》ぞのみたいに まって いる。
まつりみたいに まって いる。
あしたが みんなを まって いる。
草《くさ》のめ、あめうし、てんと虫《むし》。
あしたは みんなを まって いる。
あしたは さなぎが ちょうに なる。
あしたは つぼみが 花《はな》に なる。
あしたは たまごが ひなに なる。
あしたは みんなを まって いる。
いずみの ように わいて いる。
らんぷの ように ともってる。

おたのしみ

あした、たのしみな ことは なに？

『モチモチ《もちもち》の 木《き》』

＊さいとう りゅうすけ

まったく まめたほど
おくびょうな やつは ない。
もう 五《いつ》つにも なったんだから、
よ中《なか》に 一人《ひとり》で セッチン《せっちん》ぐらい
いけたって いい。
ところが まめたは、セッチン《せっちん》は
おもてに あるし、おもてには
大《おお》きな モチモチ《もちもち》の 木《き》が つったって いて、
おばけに 見《み》えて しまうと いうのだ。
それで じいさまを おこし、ついて いって もらう。
じいさまが いやな かお ひとつ しないのは、
じぶんと たった 二人《ふたり》で くらして いる
まめたが かわいそうで、かわいかったからだろう。

ある　日《ひ》、じいさまが　まめたに　いった。
「こんやは　村《むら》の　かみさまの　まつりだ。
モチモチ《もちもち》の　木《き》に　ひが　ともるぞ。
でもな、その　ひは　たった　一人《ひとり》の
子《こ》どもしか　見《み》ることが　できない。
それも　ゆう気《き》の　ある　子《こ》どもだけだ。」
まめたは　下《した》を　むいて、
ぽつりと　いった。
「それじゃ、おらは　とっても　だめだ。」
その日《ひ》の　まよ中《なか》の　ことだ。
とつぜん、じいさまが　くるしみはじめた。
うんうん、うなって
からだを　まるめて　いる。かおには
あぶらあせが　うかんで　いる。★

おたのしみ

「ゆうきが　ある」って
どんな　ことかな？

こころを こめて よみましょう

めいさく 362

おんどく ①②③④⑤⑥⑦⑧　あんしょう 月《がつ》 日《にち》

★「おら、いしゃ よんで くる！」
まめたは、はしり出《だ》した。
とうげの さかみちは 一《いち》めん、
しもで ゆきの ようだった。
しもが 足《あし》に からみつく。
ちが 出《で》て きた。
それでも まめたは はしった。
いたみを がまんして はしった。
いしゃは まめたから わけを きくと、
すぐに じいさまの もとへ むかった。
いえに ついた とき、
まめたは ふしぎな ものを 見《み》た。
「モチモチ《もちもち》の 木《き》に
ひが ついてる！」

いしゃは、あれは　木《き》の　うしろに
月《つき》が　出《で》て　いるだけだと　いった。
でも、まめたには、　あたりを　てらすほど、
かがやいて　いるように　見《み》えたのだ。
つぎの　日《ひ》、げんきに　なった
じいさまは　いった。
「おまえは、たしかに
モチモチ《もちもち》の　木《き》の　ひを　見《み》たんだ。
まよ中《なか》に　一人《ひとり》で
いしゃを　よびに　いけるほど
ゆう気《き》の　ある　子《こ》どもだったんだからな。
おまえは　けっして
よわ虫《むし》なんかじゃ　ないぞ、まめた。」
まめたは　大《おお》きく　うなずいた。

おたのしみ

まめたが　ゆうきを　だせたりゆうを、かんがえよう。

『こころの スイッチ《すいっち》』

＊とうい よしお

にんげんの 目《め》は ふしぎな 目《め》
見《み》ようと いう こころが なかったら
見《み》て いても 見《み》えない
にんげんの 耳《みみ》は ふしぎな 耳《みみ》
きこうと いう こころが なかったら
きいて いても きこえない
あたまも そうだ
はじめから よい あたま わるい あたまの
くべつが あるのでは ないようだ

「よし、やるぞ!」と
こころの　スイッチ《すいっち》が　入《はい》ると
あたまも　すばらしい　はたらきを
しはじめる
こころの　スイッチ《すいっち》が
にんげんを　つまらなくも　し
すばらしくも　して　いく
でんとうの　スイッチ《すいっち》が
いえの　中《なか》を　あかるくも　し
くらくも　するように

おたのしみ
きょう、どんな　ときに
スイッチ《すいっち》が　はいった?

『雨《あめ》にも まけず』

＊みやざわ けんじ

雨《あめ》にも まけず
かぜにも まけず
ゆきにも なつの あつさにも まけぬ
じょうぶな からだを もち
よくは なく
けっして いからず
いつも しずかに わらって いる
一《いち》日《にち》に げんまい 四《よん》ごうと
みそと すこしの やさいを たべ
あらゆる ことを
じぶんを かんじょうに 入《い》れずに
よく みききし わかり
そして わすれず

のはらの　まつの　林《はやし》の　かげの
小《ちい》さな　かやぶきの　こやに　いて
ひがしに　びょうきの　こども　あれば
いって　かんびょうして　やり
にしに　つかれた　はは　あれば
いって　その　いねの　たばを　おい
みなみに　しにそうな　人《ひと》　あれば
いって　こわがらなくても　いいと　いい
きたに　けんかや　そしょうが　あれば
つまらないから　やめろと　いい
ひでりの　ときは　なみだを　ながし
さむさの　なつは　おろおろ　あるき
みんなに　でくのぼうと　よばれ
ほめられも　せず　くにも　されず
そう　いう　ものに　わたしは　なりたい

おたのしみ

あなたは　どんな　人《ひと》に　なりたい？

ことばのちしき

賢治が亡くなったあとに見つかった手帳に、遺《のこ》されていた文章です。自身の高い理想を表現しているといわれ、現在は詩として多くの人に愛されています。

『生《い》きる』

＊たにかわ しゅんたろう

生《い》きて いると いう こと
いま 生《い》きて いると いう こと
それは のどが かわくと いう こと
こもれびが まぶしいと いう こと
ふっと ある メロディ《めろでぃ》を
おもい出《だ》すと いう こと
くしゃみを する こと
あなたと 手《て》を つなぐ こと

生《い》きて いると いう こと
いま 生《い》きて いると いう こと
なけると いう こと
わらえると いう こと
おこれると いう こと
じゆうと いう こと

生《い》きて いると いう こと
いま 生《い》きて いると いう こと
いま とおくで 犬《いぬ》が ほえると いう こと
いま ちきゅうが まわって いると いう こと
いま どこかで うぶごえが
あがると いう こと
いま どこかで へいしが
きずつくと いう こと
いま ぶらんこが ゆれて いると いう こと
いま いまが すぎて ゆく こと

生《い》きて いると いう こと
いま 生《い》きて いると いう こと
とりは はばたくと いう こと
うみは とどろくと いう こと
かたつむりは はうと いう こと
人《ひと》は あいすると いう こと
あなたの 手《て》の ぬくみ
いのちと いう こと

『ふゆの 子《こ》ども』

＊たかむら こうたろう

まっかな ほっぺたと、
まっかな 耳《みみ》と、
まっかな くちびると、
まっかな まるい 小《ちい》さい 手《て》と。
みんな まるまる きものを きて、
まっしろな しもの あさ、
かたい ガラス《がらす》ばりの
くうきを わるように、
とんで くる 五《ご》 六人《ろくにん》の 子《こ》ども。
小《ちい》さな じょうききかんの ように、
みんな ほっほと 白《しろ》い けむりを はきながら、

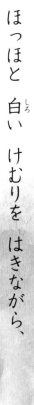

あとからも、あとからも、
まじゅつのように、じめんから　わいて、
よこに　さす　あさ日《ひ》の　中《なか》を
とんで　くる　いく百人《ひゃくにん》の　子《こ》ども。

男《おとこ》の子《こ》も、女《おんな》の子《こ》も、
なにか　めずらしい　こくごで
ふしぎな　ことでも　さけんで　いるよう。
見《み》て　いると　ひとりでに　ほほえまれ、
よの中《なか》が　大《おお》きく　なり、
しまいに　あははと　わらって　しまう。

ほら、
学校《がっこう》の　かねが　なる。

おたのしみ

あかい　きものに
みどりの　おびを
しめた　子《こ》、どこだ？

作者名さくいん

めいさく・し・うた・こてん

たんか・はいく・めいげん

■…百人一首に入っている短歌

《監修》 加藤俊徳　かとう　としのり

脳科学者。小児科専門医。加藤プラチナクリニック院長。株式会社「脳の学校」代表。昭和大学客員教授。発達脳科学・MRI脳画像診断の専門家であり、脳番地トレーニングの提唱者。1991年、現在世界700カ所以上の脳研究施設で使用されている脳活動計測「fNIRS」法を発見。1995年から2001年まで米ミネソタ大学放射線科でアルツハイマー病やMRI脳画像研究に従事。『脳の強化書』（あさ出版）、『脳を強化する読書術』（朝日新聞出版）、『発達障害の子どもを伸ばす脳番地トレーニング』（秀和システム）など著者多数。

《執筆協力》

麻生かづこ、天見純二、上山智子、ささきあり、泉名文子、野村一秋、浜野木 碧、深田幸太郎、福 明子、松田明子、光丘真理、深山さくら、渡辺 朋

《絵》

伊藤ハムスター、おおでゆかこ、小倉マユコ、オフィスシバチャン、かわむらふゆみ、きどふみか、小林さゆり、sassa、seesaw.、髙安恭ノ介、林 ユミ、はやはらよしろう、ホリナルミ、Meppelstatt、ももろ

カバー・本文デザイン　棟保雅子
カバーイラスト　林 ユミ
DTP　株式会社シーティーイー
撮影　原田真理
編集協力　松田明子

頭《あたま》がよくなる！ 寝《ね》るまえ１分《ぷん》おんどく366日《にち》

2021年 4 月20日発行　第１版
2024年 3 月15日発行　第１版　第18刷

監修者　加藤俊徳
発行者　若松和紀
発行所　株式会社 西東社
〒113-0034　東京都文京区湯島2-3-13
https://www.seitosha.co.jp/
電話　03-5800-3120（代）
※本書に記載のない内容のご質問や著者等の連絡先につきましては、お答えできかねます。

ISBN 978-4-7916-2989-3